중국의 은자들

*CHUGOKU NO INJA*
by INAMI Ritsuko

井波律子, 『中國の隱者』, 文藝春秋, 2001

「죽림칠현도」(竹林七賢圖)

# 중국의 은자들

불멸의 저항정신이 만들어내는 중국사의 풍경

아나미 리츠코 지음 김석희 옮김

한길사

중국의 은자들

지은이 · 이나미 리쓰코
옮긴이 · 김석희
펴낸이 · 김언호
펴낸곳 · (주)도서출판 한길사

등록 • 1976년 12월 24일 제74호
주소 • 413-830 경기도 파주시 교하읍 산남리 파주출판문화전보산업단지 17-7
www.hangilsa.co.kr
e-mail : hangilsa@hangilsa.co.kr
전화 • 031-955-2000~3
팩스 • 031-955-2005

출력 · 예하프로세스 | 인쇄 · 현문인쇄 | 제본 · 경일제책

제1판 제1쇄 2002년 10월 30일
제1판 제2쇄 2003년 12월 25일

값 12,000원
ISBN 89-356-5008-0 03910

# 머리말

모두 16장으로 이루어진 이 책은 신화와 전설의 시대부터 청나라 시대에 이르기까지 중국에 출현한 특기할 만한 은자들을 골라, 각양각색의 다양한 삶의 궤적을 더듬어본 것이다.

프롤로그에 해당한 제1장에서는 허유(許由)를 비롯한 신화와 전설 속의 은자들을 통해 중국 은자의 원형적 이미지를 탐색하는 한편, 도가의 시조인 노자와 장자에게 조명을 비추어 후세에 큰 영향을 준 그들의 은자 이론을 검토했다. 이를 시작으로 제2장부터 제16장까지는 역사의 흐름에 따라 각 시대를 장식한 독특한 은자들을 다루었다.

제2장에 등장하는 사람은 전한의 무제를 섬긴 궁정의 어릿광대 동방삭(東方朔)이다. 동방삭은 풍부한 재능을 갖고 있으면서도 궁정을 은둔지로 보고 제멋대로 말하고 행동하면서, 끝까지 궁정의 어릿광대 은자로 살았다.

제3장의 주인공은 위 왕조가 진 왕조로 바뀌는 왕조 교체기에 도가 사상의 무위자연을 좌우명으로 삼아 다사다난한 현실

에 등을 돌리고 자신의 생활 방식을 추구한 '죽림 칠현'(竹林七賢)이다. '칠현'으로 총칭되지만, 사실 난세에 대처하는 그들의 자세는 각양각색이었다. 여기서는 그런 차이에도 유의하면서, 각자가 그린 삶의 윤곽을 더듬었다.

제4장과 제5장에서는 북방 이민족의 침략으로 서진 왕조가 멸망한 뒤 강남에 세워진 한족의 망명 왕조 동진 시대에 살았던 은자를 다루었다. 제4장에서는 명문 귀족 출신인데도 일찍부터 중앙 정치 무대에서 내려간 '서성' 왕희지(王羲之)를 비롯하여 비현실 지향에 사로잡힌 동진의 풍류 귀족들에게 조명을 비추었다. 이 동진의 풍류 귀족들은 대부분 북방 이민족에 쫓겨 강남으로 이주한 '북방 귀족' 계열에 속하는 자들이었다.

반면에 제5장에서 다룬 선인 은자 갈홍(葛洪)은 강남의 토착 호족 출신으로, 북방 귀족이 주도하는 동진에 위화감을 품고 있었다. 이런 사정도 있어서 갈홍은 유동적인 현실의 지평을 넘어 영원한 생명을 얻는 길을 추구했고, 선인 이론을 구축하고 실천하는 데 일생을 바쳤다.

제6장에서는 동진 왕조가 유송(劉宋)으로 바뀌는 왕조 교체기에 살았던 도연명(陶淵明)을 다루었다. 도연명은 뜻에 맞지 않는 관리 생활을 포기하고 "이제 돌아가련다" 하고 귀향한 이후 줄곧 전원 생활을 한 것으로 알려져 있는 은둔 시인이다. 여기서는 얼핏 평온해 보이는 그 은둔 생활의 안팎을 더듬어보았다.

제7장의 주인공은 당나라 시대의 위대한 시인 이백(李白)이다. 현종·양귀비·안녹산 같은 배우가 모두 출연하고 당 왕조

가 번영의 절정을 지나 몰락의 내리막길을 굴러 떨어지기 시작하는 시대의 경계선에 살았던 이백은 중국 각지를 정처없이 떠돌아다니는 방랑의 일생을 보냈다. 여기서는 방랑하는 은자 이백의 수수께끼 같은 삶의 궤적을 더듬었다.

이렇게 제7장까지는 고대부터 중세까지 출현한 중국의 은자들을 다루었지만, 보다시피 그들의 대다수는 어떤 의미에서든 시대의 전환기에 살았던 사람들이다. 그들은 외압에 굴복하는 것을 치사하게 여기고, 자진하여 현실 무대에서 내려와 은둔 생활을 시작했다. 현실 권력과 정면으로 충돌하지 않고, 권력을 버드나무에 부는 바람처럼 받아넘기면서 끝까지 자신의 생활 방식을 고집한 이 만만찮은 은자들의 생애를 지탱해준 것은 무릇 강인한 반항 정신이었다고 말할 수 있다. 고대와 중세 은자들의 이런 방식은 제8장부터 다룰 북송 이후 근세 중국 은자들의 경우에도 기본적으로는 변함이 없다.

제8장에서 다룬 것은 북송 초기의 시인인 임포(林逋)다. 임포는 북송에 멸망당한 강남의 약소국 오월 출신이다. 그 역시 망국을 경험한 사람이다. 그는 항주의 서호 근처에 있는 외딴 산에 은둔하여 매화를 아내로, 학을 자식으로, 사슴을 하인으로 삼아 유유자적한 생애를 보냈다.

제9장의 주인공인 미불(米芾)은 북송 말기의 뛰어난 서화가이자 광적인 서화 수집가로도 알려져 있다. 그는 '미전'(米顚‧미치광이)이라는 별명을 얻은 기인으로, 가는 곳마다 말썽을 일으키며 평생 동안 하찮은 지방관리 생활을 계속했다. 그야말로 관

료계의 미치광이 은자라고 할 만한 인물이다.

제10장에서는 원곡(元曲: 원나라 때의 희곡) 작가인 백인보(白仁甫)를 다루었다. 백인보는 북송을 멸망시킨 여진족의 금나라 출신이다(백인보 자신은 한족). 그가 어렸을 때, 금나라는 몽골군의 공격으로 멸망한다. 백인보는 몽골족의 원나라가 중국 전역을 지배한 뒤에도 그 녹을 먹기를 거부하고 희곡 작가로서 각지를 떠돌아다니다가 만년에는 강남에서 은둔 생활을 했다. 여기서는 백인보를 키워준 아버지이자 금나라의 위대한 시인인 원호문과 대비시키면서 그런 백인보의 생애를 추적했다.

이어지는 제11장부터 제14장까지는 명나라 때의 색다른 은자들을 다루었다.

제11장에서는 명나라 중기에 강남의 대도시 소주에 출현한 문인 그룹 '오중(吳中)의 사재(四才)'(축윤명 · 당인 · 문징명 · 서정경)에게 조명을 비추었다. 서정경을 제외한 세 사람은 끝내 과거에 급제하지 못했지만, 관료는 되어서 뭐하느냐는 듯이 자유로운 문인 생활을 즐기며 쾌활하게 '시은'(市隱: 도시의 은자)의 생애를 보냈다. 그들의 생활 방식은 관료 지상주의가 널리 퍼진 근세 중국의 경직된 가치관을 온몸으로 부인한 것이었다.

제12장에서는 명나라 말기의 시인이자 희곡 작가이며 일류 서화가였던 광기의 천재 서위(徐渭)를 다루었다. 서위는 살인사건을 일으켜 오랫동안 감옥에 갇히는 등 아주 괴팍한 인물이었고, 만년에는 글과 그림을 팔아 근근이 생계를 꾸려나가면서 세간과는 담을 쌓은 기인 은자로 살았다.

제13장에서는 역시 명나라 말기의 사람으로 중국 각지의 심산유곡을 탐사하여 그 결과를 자세히 기록한 『서하객유기』를 쓴 여행가·탐험가·지리학자인 서하객(徐霞客)에게 조명을 비추었다. 서하객은 스물두 살 때부터 쉰다섯 살 때까지 햇수로 34년 동안 여행으로 세월을 보냈다. 여기서는 그 이동하는 은자의 발자취를 더듬었다.

　제14장은 멸망을 눈앞에 둔 명나라 말기, 서화·골동·정원·연극 등의 취미에 지나친 정력을 쏟아부은 문인 장대(張岱)를 비롯한 명나라 말기의 쾌락주의자들을 다루었다. 장대는 만주족의 청 왕조가 명나라를 멸망시키고 중국의 새로운 지배자가 된 뒤 유민 은자로 생애를 마친 인물이다.

　제15장과 제16장에서는 청나라 초기의 화가인 팔대산인과 중기의 문인 원매를 다루었다.

　제15장의 주인공 팔대산인(八大山人)은 명나라 왕실의 일족이지만, 명나라가 멸망한 뒤 청 왕조의 추적을 피해 출가하여 불문에 들어갔다. 그는 선승으로 오랫동안 평온한 나날을 보냈지만, 만년에 명 왕실의 일족이라는 이유로 불행한 일을 당하고 실성하여 환속하게 된다. 이윽고 정신 상태가 안정되자 팔대산인은 서민 화가로 살면서 정복 왕조 청에 대한 원한을 분출시킨 귀기 어린 걸작을 잇따라 만들어냈다.

　마지막 제16장에서 다룬 원매(袁枚)는 과거에 급제했지만 30대에 깨끗이 관직에서 물러난 인물이다. 그후 원매는 거의 50년 동안 시를 지어 팔아서 얻은 막대한 수입으로 호화로운 정원을 유지하며 자유롭고 풍족한 생애를 보냈다.

북송의 미불에서부터 청나라 때의 원매까지 여기서 다룬 근세의 은자들은 무릇 북송 이후에 정비된 과거제도를 핵심으로 하는 관료 체제·관료 사회에서의 일탈자들이다. 그들 가운데 과거에 급제한 것은 원매뿐이고, 그 원매도 젊은 나이에 사직하고 화려한 은둔 생활을 계속했으니까 그 또한 일탈 논리를 의식적으로 실천한 사람이었다.

유유자적하는 '자연 전원형'이 대다수를 차지하는 고대와 근세의 은자들과는 달리, 일탈 논리를 몸소 실천한 근세의 은자들은 대부분 시중에서 살아가는 '도시형' 은자들이다. 이들 근세 도시형 은자들 중에는 고대와 중세의 자연 전원형 은자들처럼 물질적으로 풍족하지 못해서 글과 그림을 팔아 생활을 꾸려간 사람도 많다.

모두 둘째가라면 서러운 기인인 근세 도시형 은자들 중에서도 특히 색다른 미불과 서위, 팔대산인은 중국 문인화 분야에서는 본류를 이루고 있다. 그들처럼 극단적인 일탈자가 회화 세계에서는 본류를 차지한다는 것도 꽤 재미있는 이야기다.

시대가 아래로 내려올수록 그 생활 방식은 대체로 '자연 전원형'에서 '도시형'으로 바뀌지만, 근세에도 고대와 중세의 선배 은자들처럼 망국이나 왕조 교체 같은 전환기를 만나 은둔 생활을 시작한 은자는 이루 열거할 수 없을 정도다. 이 책에서는 임포·백인보·장대·팔대산인의 경우가 여기에 해당한다.

고대부터 근세에 이르기까지 이 책에 등장하는 중국의 은자들은 뜻에 맞지 않는 현실을 부정하고 스스로 은둔이라는 생존 방식을 선택한 사람들이다. 그들의 마음속에는 모두 강렬한 기백이 담겨 있다. 의기양양하게 현실 사회에서 물러나 강인한 반항 정신을 간직한 채 일탈의 생애를 보내는 그들의 모습에는 '은자'라는 말에서 연상되는 정적인 소극성이나 현실도피와는 전혀 달리, 강하고 격렬한 역동감이 넘친다. 중국 전통 사회의 기존 테두리는 엄청나게 단단해서, 여기에 이의를 외치며 독립된 인생을 보내려면 상상을 초월하는 에너지가 필요하다. 놀랄 만큼 강하고 격렬한 중국 은자들의 역동성은 바로 사회나 시대와의 이런 갈등 속에서 키워진 것이다.

이처럼 각자 나름대로 격렬하게 자신의 삶을 불사른 중국 은자들의 발자취를 더듬는 동안 나는 끝까지 독립된 인생을 고집하는 그들의 모습에서 자주 쾌감을 느끼고 나도 모르게 기분이 고양되었다. 그들을 한 사람씩 차례로 다루면서 이번에는 또 어떤 기발한 은자를 알게 될지를 생각하는 것이 나의 즐거움이었다.

이나미 리츠코

# 중국의 은자들

불멸의 저항정신이 만들어내는 중국사의 풍경

# I 은자의 뿌리

전설의 허유에서 도가 사상의 시조 노자까지

중국의 은자(隱者)는 신화와 전설의 시대부터 이미 존재한 것으로 여겨진다. 전한(前漢)의 역사가 사마천(司馬遷: 기원전 145~86년)이 쓴 『사기』(史記, 전130권)의 첫머리를 장식하는 「오제본기」(五帝本紀)에는 신화 시대의 다섯 황제, 즉 황제(黃帝)와 전욱(顓頊) · 제곡(帝嚳) · 요(堯) · 순(舜)의 성천자(聖天子) 전설이 기록되어 있다. 최초의 황제인 황제(黃帝) 이후 네 명의 성천자는 모두 혈통이 아니라 천자에 어울리는 총명함 때문에 후계자로 선택되었다고 한다.

이들 다섯 황제 가운데 은자와 관계가 있는 것은 세번째 성천자인 요다. 요는 훌륭한 후계자를 찾아다니다가 고결한 인격으로 평판이 높은 기산(箕山: 허난성 덩펑현 동남쪽)의 은자 허유(許由)를 점찍었다. 하지만 허유는 요의 제의를 일언지하에 거절했을 뿐 아니라, 더러운 말을 들었다면서 영수(潁水)의 강물

요(堯) 임금

로 귀를 씻었다고 한다.

이 결벽한 은자 허유의 이름은 사실 「오제본기」에는 등장하지 않고, 사마천보다 약 200년 전인 전국 시대에 살았던 도가 사상가 장자(莊子: 기원전 369~286년)가 쓴 『장자』의 「소요유편」(逍遙遊篇)에 처음 나온다. 사마천도 『사기』의 「백이전」(伯夷傳)에서 허유를 언급하긴 했지만, 확실한 자료가 없기 때문에 그 존재에 대해서는 지극히 회의적이다. 하지만 어쨌든 신화와 전설의 시대니까 확실한 자료는 구할 도리가 없다. 아마 장자는 먼 옛날부터 전해 내려온 허유의 은자 전설에 착안하여, 그것을 윤색해서 자기 저술에 집어넣었을 것이다.

장자 이후, 성천자 요에게 한 방 먹인 원조 은자 허유의 이미지는 계속 과장되게 부풀어올라, 도가 사상이 일세를 풍미한 위진(魏晉) 시대(서기 3세기 초~5세기 초)에 절정에 이른다. 위진 시대 명사들의 에피소드를 모은 『세설신어』(世說新語)의 「배조편」(排調篇)에 이런 이야기가 있다.

손초(孫楚)라는 인물이 은둔 생활을 하기로 작정하고 친구인 왕제(王濟)에게 자연 속에 묻혀 살겠다는 결심을 밝힐 때, "돌을 베개 삼고 시냇물로 양치질한다"고 말해야 할 것을 그만 "돌로 양치질하고 시냇물을 베개 삼는다"고 말해버렸다. 왕제가 어떻게 그럴 수 있느냐고 놀리자, 화가 난 손초는 "시냇물을 베개 삼는 것은 귀를 씻기 위해서이고, 돌로 입을 씻는 것은 이를 튼튼하게 하기 위해서다" 하고 억지를 썼다.

손초의 이 억지는 물론 허유의 '귀씻기 전설'에 근거를 둔 것이다. 이것만 보아도 위진 시대에 허유 전설이 얼마나 깊숙이 침투해 있었는지를 쉽게 짐작할 수 있을 것이다. 덧붙여 말하면 이 에피소드가 바탕이 되어, 고집스럽고 억지가 센 것을 '수석침류'(漱石枕流)라고 부르게 되었다.

그거야 어쨌든, 방금 예로 든 에피소드를 포함하여 모두 1130가지에 이르는 에피소드를 수록한 『세설신어』는 5세기 중엽에 남조(南朝) 송(宋: 420~479년)의 초대 황제인 무제(武帝) 유유(劉裕)의 조카로서 임천왕(臨川王)에 봉해진 유의경(劉義慶: 403~444년)이 편찬한 책이다. 그후 남조 양(梁)의 유효표(劉孝標)가 여러 저서를 인용하여 『세설신어』의 본문에 자세한 주석을 달았다.

손초의 에피소드에도 서진(西晉)의 황보밀(皇甫謐: 215~282년)이 쓴 은자 전기집 『일사전』(逸士傳)의 일부를 인용한 유효표의 주석이 달려 있다. 그런데 이것이 허유와 그 친구인 은자 소부(巢父)를 결부시킨 재미있는 이야기다. 소부는 허유가 요에게서 천하를 물려주겠다는 제의를 받은 것을 알고, 그런 말을 들은 것은 너한테 빈틈이 있기 때문이라고 허유를 나무랐다. 그러자 허유는 깨끗한 시냇물로 귀를 씻고 눈을 닦았다고 한다.

이 『일사전』에 묘사된 소부는 허유보다 더 철저한 탈속형 은자였다. 그는 줄곧 산중에서 살았고, 나이를 먹은 뒤에는 새처럼 나무 위에 둥지를 만들고 거기서 잠을 잤다고 한다. 문자 그대로 '조인'(鳥人) 은자다. 이 소부의 이름은 2세기 중엽에 후한(後漢)의 왕부(王符)가 쓴 『잠부론』(潛夫論)에 처음 등장하니까, 허유보다 훨씬 뒤에 만들어진 은자상(隱者像)이다.

장자 이후 면면히 전해 내려온 원조 은자 허유, 후세에 추가된 조인 은자 소부의 이미지에는 속세의 명리(名利)를 지나치게 기피하는 경향이 뚜렷하지만, 그래도 태평하게 시치미를 떼고 은둔과 기행을 즐기려는 여유가 보인다.

반면에 사마천이 그 존재를 확신하면서 전기를 쓴 고대의 형제 은자 백이(伯夷)와 숙제(叔齊)는 그 양상이 전혀 다르다. 『사기』의 「백이전」은 그들의 삶의 궤적을 이렇게 묘사하고 있다.

은(殷) 왕조(기원전 1700~1100년경) 말기, 백이·숙제 형제는 고죽(孤竹)이라는 작은 나라에서 군주의 아들로 태어났다. 아버지는 막내아들 숙제를 후계자로 삼을 작정이었지만, 아버지가 세상을 떠나자 숙제는 형인 백이에게 후계자 자리를 양보하려고 했다. 하지만 백이는 아버지의 명에 따라야 한다면서 거

백이(伯夷)

절하고 국외로 달아나 숨어버린다. 숙제도 군주 자리에 앉으려하지 않고, 역시 국외로 달아나 숨어버린다. 이렇게 되자 고죽에서는 할수없이 숙제의 바로 윗형을 후계자로 삼아 임금을 세웠다.

그후 백이·숙제는 주(周)나라의 서백(西伯) 창(昌: 문왕)이 덕망있는 군주라는 말을 듣고, 그에게 몸을 의탁하려고 주나라로 간다. 하지만 도착해보니 문왕(文王)은 이미 세상을 떠났고, 그의 아들 무왕(武王)이 왕위에 앉아 있었다. 게다가 무왕은 아버지의 장례도 치르기 전에 은나라 천자 주왕(紂王)을 치려고 출정하는 참이었다. 백이·숙제는 무왕이 탄 말을 가로막고, 아버지의 장례도 치르기 전에 출정하는 것은 '불효'(不孝)이고, 신하의 몸으로 군주를 죽이는 것은 '불인'(不仁)이라고 호소했다. 무왕의 부하들이 두 사람을 죽이려 하자 무왕은 '의인'(義人)이라면서 그들을 살려주고 주나라를 떠나게 했다.

이윽고 무왕은 은나라를 멸하고 주 왕조를 세웠다. 하지만 백이 · 숙제는 주 왕조를 섬기려 하지 않고 수양산(首陽山)에 틀어박혀 고사리를 캐어 먹으며 목숨을 이어갔으나 곧 굶어죽고 만다.

은나라 마지막 천자인 주왕은 악명 높은 폭군이었고, 그를 죽인 주나라 무왕은 명군으로 이름 높은 인물이다. 그런데도 백이 · 숙제는 무력으로 혁명을 감행한 무왕을 불효와 불인으로 단정하고, 그 휘하에 들어가기를 거부한 채 산 속의 은자가 되어 굶어죽기에 이른 것이다. 같은 은자라고는 하지만, 태평하고 즐겁게 은자 생활을 계속한 허유나 소부와는 달리 숨막힐 만큼 금욕적이고 고지식한 은자상이다.

유가 사상과 유교의 시조인 공자(孔子: 기원전 551~479년)는 그의 언행록인 『논어』(論語)에서 이 고지식한 백이 · 숙제를 자주 언급하고, "그들은 인(仁), 곧 인간의 바른 도리를 구하여 그대로 행동했으니, 아무것도 원망할 일은 없었을 것"이라고 그 처신을 높이 평가했다. 공자가 이렇게까지 찬양한 것을 보아도, 백이 · 숙제의 은둔 생활은 유가 사상의 문맥에 딱 들어맞는 것이었음을 알 수 있다.

공자나 유가 사상은 인간을 유위(有爲)의 존재로 파악하여 정치에 적극적으로 관여하고, 윤리로써 사회 질서를 바로잡는 것을 중시한다. 공자 이후, 유가의 이런 윤리주의적 정치 지향은 계속 강화되었다.

장자와 거의 동시대 사람인 유가 사상가 맹자(孟子: 기원전 372∼289년)는 『맹자』의 「진심편」(盡心篇)에서 이렇게 말하고 있다. "뜻을 이루지 못할 때는 자신의 몸가짐만 바르게 하고, 뜻을 이루었을 때는 온 천하를 바르게 한다." 이것이야말로 오랫동안 중국의 사대부 지식인을 지배해온 좌우명이고, 백이·숙제의 은둔은 '뜻을 이루지 못할 때는 자신의 몸가짐만 바르게 한' 전형적인 예로 자리매김된다.

이렇게 보면 중국 고대의 은자상에는 양극단이 있다는 것이 분명해진다. 허유와 소부로 상징되는 한쪽 극단에는 누구한테도 속박당하지 않는 생활을 즐기려는 자유 지향형 은자가 있고, 백이·숙제로 상징되는 반대쪽 극단에는 긴급 피난하듯 은둔의 길을 택하여 자신을 다스리려 하는 금욕형 은자가 있다. 물론 현실 사회나 정치에 위화감을 느끼고 거기에서 자신을 떼어놓으려 한다는 점에서는 양극단에 상통하는 바가 있지만.

그후 중국 은자의 계보에는 허유와 소부처럼 철저한 자유 지향형과 백이·숙제처럼 철저한 금욕형을 양극에 놓고, 풍부한 다양성을 지닌 매력적인 은자들이 잇따라 등장한다. 다만 후세의 유명한 은자들 가운데 가난을 고통으로 여기지 않는 물질적 금욕주의자는 수두룩하지만, 백이·숙제처럼 고행으로서의 은둔 생활을 감행한 예는 거의 찾아볼 수 없다. 후세의 은자들은 물질적으로는 금욕적일망정 정신적으로는 자유롭게 해방된 즐거운 은둔 생활을 지향하는 경우가 많다.

물질적으로 금욕적이든 아니든, 은둔 생활을 즐기려는 후세의 많은 은자들에게 큰 영향을 준 것은 역시 도가 사상이었다.

노장(老莊) 사상이라고 불리는 것으로도 알 수 있듯이, 도가 사상에는 노자(老子)와 장자라는 두 시조가 존재한다. 그 중 선배격인 노자의 전기가 기록된 가장 오래된 자료는 『사기』의 「노자전」이다.

여기에 따르면, 노자는 군웅이 할거한 난세인 춘추 시대(기원전 771~403년) 중엽에 간신히 명맥을 유지하고 있던 주 왕조의 도서관에서 일하는 관리였다. 그는 오랫동안 도서관에서 근무하는 한편, 유위를 가르치는 유가 사상에 대항하여 무위자연(無爲自然) 사상을 추구했다. 하지만 주나라 왕실의 쇠퇴가 뚜렷해졌기 때문에 국외로 나가서 은둔하려 했다. 그래서 국경 관문까지 왔을 때, 관문을 지키는 관리인 윤희(尹喜)가 "선생은 이제 은퇴를 하시려나 본데, 부디 나를 위해 가르침을 남기고 가달라"고 간청했다. 그래서 노자는 상·하 2편의 5천 자에 이르는 저술을 쓰고는 표연히 관문을 나가 행방을 감추었다. 이렇게 남겨진 저술이 바로 『도덕경』(道德經)이라는 제목으로 세상에 전해졌다.

사마천이 쓴 이 「노자전」은 전설이고, 『도덕경』이라는 책도 '시골에 숨어 사는 노담(老聃)이라는 한 철인의 철학 수첩 같은 저작'(담은 노자의 자字)이라는 것이 진상에 가까울 것이다.

성립된 사정이야 어떻든, 이 『도덕경』에 기술된 철학은 유가 사상에 대한 강렬한 '안티테제'다. 유가의 시조 공자에게는 "아

관문을 나서는 노자(老子)

침에 도(道)를 들으면 저녁에 죽어도 좋다"(『논어』)는 유명한 말이 있다. 여기서 '도'란 인간 사회에서의 올바른 길, 즉 인위적 도덕성을 가리킨다.

그런데 노자가 말하는 '도'는 이것과는 전혀 다르다. 노자는 우선 "세상의 학자들이 여러 가지로 말하고 있듯이, '도'라고 정의할 수 있는 것은 결코 불변의 도는 아니다"(『도덕경』 제1장)라고 말하여, '도'를 곧 '인간 도덕'으로 보는 유가의 발상을 물리치고 있다. 노자는 "하늘과 땅이 성립하기 전부터 혼돈한 채 하나의 형상을 이루는 것이 존재하고 있었다. 나는 그 이름조차 모르지만, 일단 '도'라는 이름을 붙여두겠다"고 말하고 있듯이, 노자에게 '도'는 천지개벽 이전부터 존재하는 만물의 근원이었다. 인간이 이 '도'를 알기 위해서는 안달복달하지 말고 느긋하게 '무위'(아무것도 하지 않는 것)와 '자연'(있는 그대로)의 경지에 몸을 맡기는 것이 중요하다고 노자는 가르친다.

특징적인 것은, 노자의 경우 이런 '무위의 철학'이 처세훈으로서 "아무것도 하지 마라. 무엇에도 관여하지 마라. 맛없는 것을 먹으라"는 식의 '무위의 권유'와 결부되는 경우가 아주 많다는 점이다.

이처럼 『도덕경』에는 유가에 대항하여 무위를 주장하는 철학적 언설과 자기 보신적인 처세훈이 뒤섞여 있을 뿐만 아니라, 처세훈이 어느새 정치학으로 바뀌어 무위로써 나라를 다스리기 위한 지배 논리가 기술되는 등, 정치에 대한 강한 관심도 드러나 있다. 『도덕경』이 이렇게 여러 가지가 잡탕처럼 뒤섞인 잠언

집 같은 느낌을 주는 것은 그 저술이 오랫동안 수많은 사람들의 손을 거쳐 성립된 경위를 말해준다.

도가 사상의 또 다른 시조인 장자의 경우는 어떤가. 역시『사기』에 수록된「장자전」에 따르면 장자(본명은 장주莊周)는 전국 시대에 송나라 몽현(蒙縣: 오늘날의 허난성)에서 태어났다. 고향에서 옻칠을 담당하는 관리가 되었지만 곧 사직하고, 두번 다시 벼슬을 갖지 않았다. 나중에 그의 명성을 들은 강대국 초(楚)나라 위왕(威王)이 재상으로 초빙했지만, 살을 찌워서 제사 때 산 제물로 바치는 소가 되기보다는 진흙투성이가 되어 자유롭게 노는 편이 훨씬 낫다고 깨끗이 거절했다. 그 밖에 장자의 자세한 경력은 알려져 있지 않다. 다만『장자』의「열어구편」(列御寇篇)에 그가 자신의 모습을 묘사한 대목이 있다. 여기에서 그는 뒷골목에 살면서 짚신을 삼아 근근이 생계를 꾸려나가는 가난뱅이에다 비쩍 마르고 안색도 나쁜 인물로 묘사되어 있다. 아마 그는 뒷골목의 가난한 은자로 평생을 보냈을 것이다.

하지만 이 뒷골목 은자가 쓴『장자』는 도가 사상의 정수를 담고 있으며, 선배인 노자를 훨씬 능가하는 높이와 깊이를 갖고 있다. 장자는 자신의 철학을 노골적인 논리의 언어가 아니라 기발한 비유를 사용한 우화로 이야기하는 것이 보통이다. 이 때문에『장자』는 철학서인 동시에 재미로 가득 찬 고대 우화집이나 기발한 단편소설집 같은 느낌을 준다.

노자와 마찬가지로 장자도 무위자연을 가장 중시하지만, 무위자연을 추구하는 방식은 자칫하면 방어적 · 소극적인 처세술

나비가 된 장자(莊子)

로 기울어지기 쉬운 노자와는 양상이 사뭇 다르다. 노자의 무위는 문자 그대로 '아무것도 하지 않는 것'이다. 하지만 장자의 무위는 '내면적인 절대 자유의 세계에서 무심하게 노는 것'이었다. 게다가 장자는 이 '내면적인 절대 자유의 세계'를 시시각각 변화를 거듭하는 커다란 천지자연과 대응시켜, 항상 그 움직임과 일체화하려고 애쓴다. 그리하여 장자는 "내가 나비가 된 꿈을 꾸고 있는 것인지, 아니면 나비가 꿈속에서 내가 되어 있는 것인지 모르겠다"고 말하여 꿈과 현실의 구별까지 없애고, 내적 자유의 영역을 확대하면서 계속 높이 날아오른다.

자기 보신의 색채를 띤 노자의 신중한 은자 이론과 자유로운 여유로 가득 찬 장자의 역동적인 은자 이론. 도가 사상을 낳은 이들 두 시조의 서로 다른 은자 이론이 그후 중국의 은자들에게 다양한 형태로 계승되어, 각양각색의 은둔 스타일을 만들어간다.

# 2 동방삭

재능을 타고났으면서도 평생을 '어릿광대'로 살다

 

자(字)를 만천(曼倩)이라고 하는 동방삭(東方朔: 기원전 154~93년)은 전한(前漢)의 제7대 황제인 무제(武帝: 기원전 156~87년, 기원전 141~87년 재위)를 섬긴 유명한 '골계'(滑稽)다.

사마천이 쓴『사기』의「골계열전」(滑稽列傳)에는 전국 시대에 제(齊)나라 위왕(威王: 기원전 357~320년 재위)을 섬긴 순우곤(淳于髡)에서부터 전한의 동방삭에 이르기까지(전한 부분은 나중에 저소손褚少孫이 추가) 시치미를 뚝 뗀 포즈와 요설로 권력자의 사랑을 받은 '골계'들의 전기가 실려 있다. 요컨대 '골계'는 익살과 다변을 장기로 삼는 궁정의 어릿광대라고 말할 수 있을 것이다. 골계의 큰 별인 동방삭의 전기는『사기』의「골계열전」이외에 후한(後漢)의 반고(班固)가 쓴『한서』(漢書)의「동방삭전」에 상세히 기술되어 있다.

동방삭은 오늘날의 산둥성(山東省)에 있었던 평원군(平原郡)

염차현(厭次縣) 출신이다. 어려서는 『시경』(詩經)이나 『서경』(書經) 같은 유교 경전을 배우고, 자라서는 『손자』(孫子)와 『오자』(吳子) 같은 병법서에도 통달하여 경이적인 박학다식을 자랑하게 된다.

한편 기원전 141년에 16세의 나이로 제위에 오른 전한의 무제는 처음에는 할머니와 어머니와 고모를 비롯한 친척 여자들에게 포위되어 뜻대로 일을 처리할 수 없는 처지에 놓여 있었다. 특히 강력한 발언권을 가진 할머니 두태후(竇太后)는 열렬한 노장 사상 신봉자여서, 유교를 정치체제의 근간으로 삼으려 하는 무제에게 가장 큰 위협이었다. 하지만 즉위한 지 6년 뒤에 두태후가 사망하자, 할머니의 그늘에서 해방된 무제는 유교를 국교화하는 등 거리낄 것 없이 새로운 국가체제 정비에 몰두한다.

이런 움직임 속에서 무제는 두태후가 죽은 이듬해인 원광(元光) 원년(기원전 134년, 중국의 연호제도는 무제가 즉위한 이듬해인 기원전 140년에 시작되었다)에 전국에서 우수한 인재를 모아 발탁하려 했다. 젊은 동방삭은 이 천재일우의 기회를 놓치지 않으려고 수도 장안으로 간다. 장안에 도착한 동방삭은 3천 개의 죽간(竹簡)에 쓴 상소문을 조정에 바쳐 자신을 선전하는 동시에, 정치의 득실을 거침없이 설파했다. 이때 동방삭처럼 상소문을 바친 자는 수천 명에 이르렀다고 한다. 동방삭의 상소문은 그 많은 상소문 중에서도 유난히 분량이 많았기 때문인지, 다행히 무제의 눈에 띄었지만, 너무 길어서 무제가 그것을 다 읽는 데 두 달이나 걸렸다고 한다.

요설로 가득 찬 이 상소문에서 동방삭은 자기가 문무 양면에 걸쳐 초인적인 박식함을 갖고 있다느니, 키가 크고 살결이 흰 미남자라느니 하면서 넉살좋게 제자랑을 늘어놓았다. 무제는 남을 사뭇 깔보는 듯한 동방삭의 그런 됨됨이에 흥미를 품고, 일단 명색뿐인 봉급을 주어 공거(公車: 황제의 부름을 기다리는 자들이 대기하는 부서)에서 정식 임용 통지를 기다리게 했다. 하지만 바쁜 무제는 동방삭을 잊어버렸는지, 통 소식이 없었다. 초조해진 동방삭은 허를 찌르는 기발한 수법으로 무제의 주의를 끈다.

무제의 궁정에는 심부름을 하는 난쟁이들이 있었다. 동방삭은 그들에게 "너희는 무위도식만 하기 때문에 천자가 너희를 죽이려 하고 있으니, 살고 싶으면 천자 앞에서 돈수(頓首: 머리가 땅에 닿도록 절하는 것)하고 사죄하는 수밖에 없다"고 거짓말을 했다. 이 말을 곧이들은 난쟁이들은 무제 앞에 엎드려 머리를 조아리면서 통곡했다. 깜짝 놀란 무제가 이유를 물어 동방삭이 시켰다는 것을 알자, 그를 불러들여 왜 아무 근거도 없는 말을 퍼뜨리느냐고 나무랐다.

동방삭은 이때라는 듯이 "난쟁이는 키가 3척 남짓(당시의 1척은 약 22.5센티미터. 3척은 67.5센티미터)인데, 곡식 1포대와 240전을 봉록으로 받습니다. 저는 키가 9척(202.5센티미터)이나 되는데 봉록은 그들과 같습니다. 난쟁이는 배가 불러 죽을 지경이지만 저는 배가 고파서 죽을 지경입니다" 하고 청산유수로 익살스럽게 자신의 궁상을 호소했다. 무제는 껄껄 웃고, 동방삭의 재치와 능변에 탄복했다.

이것이 계기가 되어 차츰 무제를 측근에서 모시게 되었지만, 처음부터 난쟁이를 이용하는 술수를 쓴 것이 화근이었는지, 관직다운 관직도 얻지 못하고 무제를 즐겁게 해주는 어릿광대나 다름없는 대우를 받았다. 동방삭은 능변일 뿐 아니라 투시술을 이용한 사복(射覆: 상자 같은 것에 물건을 넣고 그것이 무엇인지를 알아맞히는 놀이)에도 능했다. 한번은 동방삭이 무제가 총애하는 곽사인(郭舍人)이라는 배우와 사복 솜씨를 겨루게 되었는데, 온갖 사설을 쉬지 않고 지껄여대어 사람들을 현혹시켰다. 곽사인은 동방삭의 기세에 눌려 찍소리도 내지 못했다. 이에 감탄한 무제는 동방삭을 상시랑(常侍郎: 황제를 가까이에서 모시는 관직)에 임명했다.

재주는 출세를 돕는다. 사복의 재주 덕분에 보잘것없는 벼슬이나마 관직을 얻은 동방삭은 이를 발판으로 삼아 새로운 비상을 꿈꾸면서 무슨 일이 있을 때마다 무제에게 간하여, 자기가 단순한 궁정 어릿광대가 아니라는 사실을 과시하려고 했다.

무제는 불로불사의 신선이 되고 싶어서 도술에 몰두하는 등, 노화가 진행될수록 판단력도 흐려지지만, 청장년기에는 정치 감각이 뛰어난 훌륭한 황제였다. 다만 젊은 시절부터 사치에 탐닉하는 쾌락주의자여서, 맛있는 술과 음식과 미녀는 물론 사냥도 무척 좋아했다. 무제는 쾌락을 마음껏 맛보기 위해 진시황이 만든 정원을 대대적으로 확장하고, 막대한 비용을 들여 장안 교외에 거대한 '상림원'(上林苑)을 지을 계획을 세웠다. 무제에게

동방삭(東方朔)

알랑거려 이 계획을 추진한 것은 측근 중의 측근인 오구수왕(吳丘壽王)이라는 인물이었다.

지금이야말로 자기가 나설 때라고 판단한 동방삭은 장기인 말솜씨를 발휘하여, 이 상림원 조성 계획에 정면으로 반대했다. 농지를 몰수하면서까지 황제 전용 정원을 만들려는 것은 도리에 어긋나는 사치이고 국력을 피폐시킨다는 것이었다. 당당한 정론이다. 무제는 동방삭의 현란한 말솜씨에 반하여 태중대부(太中大夫: 조정에서 열리는 회의를 담당하는 관리)에 임명하고 포상으로 황금 100근을 하사했지만, 상림원 조성 계획 자체는 그대로 추진하게 했다. 무제에게 동방삭은 여전히 박식한 '골계'에 불과했고, 귀에 좀 거슬리는 말을 들어도 어릿광대의 익살쯤으로 여겨 전혀 마음에 두지 않았다.

덧붙여 말하면, 동방삭과 같은 시기에 무제를 모신 궁정 문인 사마상여(司馬相如: 기원전 179~117년)는 완성된 상림원의 전모를 화려한 미문으로 재현했다. 그가 지은 「상림부」(上林賦)에 따르면, 광대한 상림원에는 사냥터 외에 2층 통로로 연결된 수많은 궁전과 진기한 동식물을 모아놓은 거대한 동물원과 식물원이 설치되어 있었다. 무제는 여기서 한바탕 사냥을 즐기다가 피곤해지면 미녀들이 기다리는 호화로운 궁전에서 잔치를 벌였다. 이런 무제의 쾌락주의를 마음껏 미화하고 찬양한 덕에 궁정 문인 사마상여는 점점 무제의 신임을 얻게 되었다.

동방삭은 사마상여와는 대조적으로 무제의 쾌락주의를 비판했지만, 무제는 그 비판을 가볍게 받아넘겼다. 그래도 동방삭은 기회 있을 때마다 간언을 되풀이하여 무제를 흔들었다.

무제의 고모(무제의 아버지인 경제景帝의 누나, 두태후의 딸) 인 관도장(館陶長) 공주는 권모술수에 능한 여인이었다. 무제가 후계자 싸움에서 승리하여 제위에 오를 때에도 이 고모의 힘이 크게 작용했다. 또한 관도장 공주의 딸 아교(阿嬌)는 무제의 첫사랑이었다. 두 사람은 공주의 주선으로 순조롭게 결혼했고, 무제가 즉위한 뒤 아교는 황후가 되었다. 그녀가 바로 진(陳) 황후다. 하지만 이윽고 두 사람 사이는 냉랭해지고, 무제는 가난한 무희 출신인 위자부(衛子夫)를 사랑하게 되었다. 위자부가 연달아 자식을 낳자, 자식이 없었던 진 황후는 황후 자리에서 쫓겨나고 만다. 원삭(元朔) 원년(기원전 128년)에 위자부는 드디어 황후가 된다. 신데렐라 이야기가 현실에서 실제로 일어난 셈이다.

그런데 관도장 공주는 딸이 황후 자리에서 쫓겨난 뒤에도 여전히 원기왕성했다. 정국을 좌우하는 힘은 잃었지만, 남편과 사별하자마자 예순 살이 가까운 몸으로 동언(董偃)이라는 미소년을 총애하고, 무제에게 압력을 넣어 동언을 후대하게 하는 등 제멋대로 굴었다. 진작부터 관도장 공주와 동언의 방약무인한 행동을 못마땅하게 여기고 있던 동방삭은 어느 날 무제가 동언을 궁궐의 정전(正殿)에 불러들이려 하자, 도리에 어긋난 짓을 하는 이런 자를 정전에 들이는 게 될 말이냐고 비판했다. 무제도 이 말은 순순히 받아들여, 그후로는 동언을 차츰 멀리하게 되었다고 한다.

이렇게 동방삭의 간언이 받아들여지는 경우도 있었지만, 수상쩍은 미소년을 무제한테서 떼어놓는 정도가 고작이었고, 중요한 관직에 앉는 것은 꿈도 꾸지 못할 형편이었다. 무제는 그의 말을 어릿광대의 익살로 생각하여 재미있어할 뿐이었다. 이래서는 출세할 가망이 없다고 체념한 동방삭은 점점 방약무인해져서 엉뚱한 기행을 자주 저지르게 되었다.

동방삭은 제 생각을 거침없이 솔직하게 말하면서도, 사람의 심리를 읽는 통찰력이 뛰어나 무제의 노여움을 살 만한 실언은 절대 하지 않았다. 이 때문에 그는 벼슬은 낮지만 줄곧 무제의 총애를 받았고, 큰돈이나 비단 따위를 자주 하사받았다. 그때마다 동방삭은 하사받은 돈이나 비단을 마구 뿌려 장안의 미녀들을 번갈아 자기 집에 불러들였기 때문에, 눈 깜짝할 사이에 빈털터리가 되었다. 궁전 안에서 오줌을 누는 불경죄를 저지르거나 무제와 함께 식사를 하면 남은 고기를 품에 넣어 집으로 가져가곤 했기 때문에, 동방삭이 미쳤다는 소문이 궁중에 퍼져갔다.

그런 소문이 도는 것을 안 동방삭은 "옛 사람들은 깊은 산중에 은둔하여 세상을 피했지만, 나는 궁정 안에서 세상을 피한다"고 큰소리를 쳤다고 한다. 자신의 영달을 바라지 않고 익살스러운 태도와 요설로 날카로운 창끝을 숨긴 채 마음 내키는 대로 말하고 행동하면서 무제의 궁정에서 제멋대로 살았던 동방삭은 자신이 궁중의 어릿광대 은자임을 스스로 인정하고 있었던 것이다.

한번은 궁정 학자들이 그런 동방삭의 생활 방식을 비난했다. "옛날 소진(蘇秦)과 장의(張儀)는 한번 만승(萬乘)의 제후(1만 대의 전거戰車를 가진 대국의 군주)를 만나게 되자 재상의 자리에 올라 후세에까지 길이 남는 공적을 세웠다. 그런데 지금 당신은 비할 데 없는 학식과 변설을 가지고 성군(聖君)을 섬긴 지 몇십년이 지났는데도 아직껏 변변한 관직에도 앉지 못하고 있으니, 어찌 된 일이냐"는 것이 그 비난의 골자였다.

널리 알려져 있듯이 소진(?∼기원전 317년)과 장의(?∼기원전 310년)는 전국 시대의 유세가(遊說家)들이다. 그들이 활약한 것은 전국 7웅—— 진(秦)·위(魏)·한(韓)·조(趙)·제(齊)·연(燕)·초(楚)——가운데 진나라가 초강대국이 되어 나머지 여섯 나라에 대한 압박을 강화한 시대다. 이런 상황에서 소진은 여섯 나라가 서로 동맹을 맺어 진나라에 대항해야 한다는 '합종책'(合從策)을 내걸고 화려한 변설로 여섯 나라 군주를 차례로 설득하여, 마침내 합종동맹을 총지휘하는 여섯 나라의 재상이 되었다. 한편 장의는 여섯 나라가 각자 진나라와 동맹을 맺어 자국의 존속을 도모해야 한다는 '연횡책'(連衡策)을 내세워, 소진이 주도하는 여섯 나라의 합종동맹을 무너뜨리고 초강대국 진나라의 재상이 되었다. 덧붙여 말하면, 소진과 장의는 둘 다 가난의 구렁텅이에서 몸을 일으켜, 재치와 유창한 말솜씨만 믿고 전국 시대의 난세를 뒤흔드는 대승부에 나선 인물들이었다.

이렇게 재상 자리에까지 오른 소진과 장의에 비해, 그들 못지않은 지식과 재능을 가진 동방삭이 낮은 벼슬에 안주하여 궁정의 어릿광대로서 오랜 세월을 보내다니 될 말이냐는 비난을 받고, 동방삭은 당장 반론을 제기했다. 그 논지는 대충 아래와 같다.

"그것도 한때, 이것도 한때, 일률적으로 논할 수는 없다. 소진과 장의의 시대에는 주나라 왕실이 쇠진하여 제후들이 패권을 다투고, 유능한 인재를 얻은 자는 강해지고 얻지 못한 자는 망했다. 따라서 인재의 말을 귀담아듣고, 인재의 행동을 순순히 받아들이고, 높은 자리에 앉히기도 했다. 하지만 지금은 그런 시대가 아니다. 성군이 군림하여 천하가 태평하고, 그래서 누구든 쉽게 사업을 일으킬 수 있기 때문에 특별히 유능한 인재가 요구되는 것도 아니다. 소진이나 장의가 지금 살고 있었다면, 기껏해야 나 정도 벼슬밖에 얻지 못했을 것이다."

동방삭을 비난한 학자들은 그가 이렇게 반박하자 입을 다물어버렸다고 한다. 요점만 간추려 소개한 이 대화는 『사기』의 「골계열전」과 『한서』의 「동방삭전」에 기록되어 있을 뿐만 아니라, 육조(六朝) 시대 양(梁)나라의 소명(昭明) 태자가 편찬한 시문집 『문선』(文選)에도 「손님의 비난에 답하다」라는 제목으로 수록되어 있다.

이 대화에서 동방삭은 소진과 장의가 세 치 혀로 세계를 움직일 수 있었던 것은 전국 시대의 난세에 살았기 때문이고, 전한 시대에 살았다면 자기처럼 익살과 능변으로 황제의 총애를 받으며 궁정의 어릿광대로 사는 게 고작일 것이라고 말한다. 전국 시대의 유세가는 세월의 흐름과 함께 영락하여 전한 시대에는 궁정의 어릿광대가 된다는 것이다. 이따금 솔직한 간언으로 무제를 자극하면서 궁정을 은둔처로 삼아 제멋대로 살았던 어릿광대 은자 동방삭한테서는 확실히 '영락한 전국 시대 유세가'의 면모가 엿보인다.

자세한 것은 알 수 없지만 동방삭은 54세 때인 태시(太始) 4년(기원전 93년)에 사망한 것 같고, 죽기 직전까지 궁정에 드나들었다고 한다. 그렇다면 3천 개나 되는 죽간에 상소문을 써서 올린 뒤 거의 30년 동안 무제를 모신 셈이다. 이 기나긴 세월 동안 향락적이기는 해도 기본적으로 영명한 군주였던 무제도 노쇠하고, 번영 일로를 달려온 전한 왕조의 앞길에도 어두운 그림자가 드리워지기 시작한다.

무희 출신인 위자부를 황후로 삼고, 군사적 재능이 뛰어난 위자부의 남동생 위청(衛靑: ?~기원전 106년)과 조카 곽거병(霍去病: 기원전 140~117년)의 활약으로 진작부터 골칫거리였던 북방 이민족 흉노를 약화시켰을 때가 무제에게도 전한 왕조에도 순풍에 돛단 듯한 전성기였다.

이윽고 곽거병과 위청이 세상을 떠나고, 노년에 이른 무제는 정치에 염증이 난데다 늙은 위 황후에 대한 사랑도 완전히 식어서 절세 미녀 이(李) 부인에게 홀딱 빠지는 등, 공적으로나 사적으로 흐트러지기 시작한다. 그런 가운데 천한(天漢) 2년(기원전 99년)부터 이듬해에 걸쳐, 흉노와의 싸움에 져서 포로가 된 이릉(李陵)을 변호한 사마천이 무제의 노여움을 사서 궁형(宮刑: 생식기를 거세하는 형벌)에 처해지는 사건이 일어난다. 또한 정화(征和) 2년(기원전 91년)에는 궁지에 몰린 위 황후와 아들 려(戾) 태자가 쿠데타를 일으켰다가 무제에게 주살당하는 무고(巫蠱)의 난이 일어났다.

무고의 난이 일어나기 전에 죽은 동방삭은 극단적으로 쇠약해진 무제의 모습을 보지 못했다. 어쨌든 무사히 편안하게 세상을 떠난 동방삭은 죽기 전에 이런 노래를 지어, 부디 재앙에 가까이 가지 말라고 아들을 타일렀다고 한다.

······배불리 먹고 속편하게 한세상.
농삿일은 질색이라 벼슬아치가 되었네.
궁정 은자의 익살스러운 생활,
시류도 타지 않고 재앙도 만나지 않네.

동방삭은 영락한 유세가, 궁정의 어릿광대 은자로서 권력의 한복판에 진공 상태를 만들어 위험한 줄타기를 해냈다. 보통사람은 도저히 흉내도 낼 수 없는 그 생활 방식은 후세의 주목을 받아 선인으로 여겨지게 되었고, 온갖 다양한 동방삭 전설을 낳기에 이른다.

# 3 죽림 칠현

술잔을 나누며 청담에 탐닉한 7인의 기구한 운명

『삼국지』(三國志)의 영웅 조조(曹操)의 자손이 세운 위(魏) 왕조(220~265년)는 경초(景初) 3년(239년)에 제2대 황제인 명제(明帝)가 죽자마자 벌써 내리막길에 접어들었다. 명제가 죽은 지 10년 뒤인 정시(正始) 10년(249년)에 위나라의 군사 실력자인 사마의(司馬懿: 179~251년)는 중신들 사이의 치열한 권력 투쟁에서 승리하여 실권을 장악하기에 이른다.

사마의는 곧 사망하지만, 그후 사마의의 맏아들 사마사(司馬師: 208~255년)와 둘째아들 사마소(司馬昭: 211~265년), 사마소의 맏아들 사마염(司馬炎: 236~290년)은 주도면밀하고 잔인하게 적대 세력을 말살하면서 위 왕조 찬탈 계획을 추진했다. 태시(泰始) 원년(265년), 모든 준비가 갖추어지자 사마염이 즉위하여 위 왕조를 멸하고 서진(西晉) 왕조(265~316년)를 세웠다. 3대 4명에 걸친 사마씨 일족의 처절한 찬탈극은 이로써 막을 내렸다.

위·진 왕조가 교체되는 이 험난한 시기에 이른바 '죽림 칠현'(竹林七賢)이라고 불리는 일곱 인물——완적(阮籍: 210~263년)·혜강(嵆康: 224~263년)·산도(山濤: 205~283년)·유영(劉伶: 생몰년 미상)·완함(阮咸: 생몰년 미상)·향수(向秀: 생몰년 미상)·왕융(王戎: 234~305년)——은 노장 사상의 무위자연을 좌우명으로 삼고, 저마다 독특한 방식으로 복잡한 현실을 떠나 속세의 그물에 걸려들지 않는 생활 방식을 추구했다.

물론 이들 일곱 명이 실제로 그룹을 조직한 것은 아니고, 전설에 불과하다고 주장하는 사람도 있다. 하지만 『진서』(晉書)를 비롯한 각종 사료를 보면, 실제로 그룹을 짰든 안 짰든, 그들이 깊은 교유 관계를 맺고 있었던 것은 틀림없는 사실이다.

위에 열거한 일곱 명을 죽림 칠현이라고 부른 것은 5세기 중엽에 성립된 『세설신어』가 처음이었다. 『세설신어』는 위·진 명사들의 에피소드를 채록한 일화집인데, 이 책의 「임탄편」(任誕篇)에 실린 일화에는 우선 일곱 명의 이름이 열거된 다음 "이들은 언제나 죽림(대숲)에 모여 술을 마시고 기분전환을 했다. 그래서 세간에서는 그들을 '죽림 칠현'이라고 부른다"고 기록되어 있다. 그후 자유로운 생활 방식을 지향하는 사람들은 죽림 칠현을 이상으로 삼게 되었다.

칠현이 죽림에 모여 술을 마시고 청담(淸談: 철학 담론)과 음악(혜강은 거문고, 완함은 비파의 명수였다)을 즐긴 곳은 혜강의 은둔지인 하내군(河內郡) 산양현(山陽縣: 오늘날 허난성 자오쭤

현焦作縣 동쪽) 부근으로 여겨진다. 혜강이 산양으로 이주한 것은 정시(正始) 4년(243년) 무렵, 조씨 일족인 조상(曹爽)과 사마의의 권력 투쟁이 격렬해지기 시작한 때였다. 혜강의 아내는 조조의 증손녀였고 조상 일파의 책사인 하안(何晏)도 그녀의 친척이어서, 혜강은 위나라의 조씨 일족과 깊은 관계가 있었다. 하지만 일찍부터 노장 사상에 심취한 혜강은 조씨의 인척이라는 이유로 권력 투쟁의 수라장에 말려들면 견딜 수 없다고 생각하여, 수도 낙양(洛陽)을 떠나 산양에 은둔하는 길을 택한 것이다.

혜강의 은둔지에 모여든 칠현은 거의 10년 동안 죽림에서 풍류를 즐기며 멋스러운 놀이에 몰두했지만, 그동안 정치 정세는 크게 달라진다. 정시 10년에 사마의가 쿠데타를 일으켜 조상 일파를 척결한 뒤, 사마씨 일족은 독주 태세에 들어가 위 왕조를 조금씩 압박하는 한편, 재야의 비판 세력을 산하에 넣어 실권을 강화하려고 했다. 이런 정세 속에서 탈속의 퍼포먼스를 연출한 죽림 칠현도 관직을 맡아달라는 사마씨 일족의 요청에 응할 것인지 말 것인지, 각자의 생활 방식을 선택하지 않을 수 없었다.

그후 칠현의 생활 방식은 대개 세 가지 유형으로 나눌 수 있다.

첫번째 유형에 속하는 것은 끝까지 사마씨 일족에게 비타협적인 태도를 취하다가 결국 처형당한 혜강이다. 혜강은 탁월한 시인이자 철학자로 이름이 높았고, 훤칠한 키에 하얀 살결을 가진 미남이었다. 초월적 분위기를 풍기는 그의 풍모는 당시 사람

왼쪽부터 혜강(嵇康), 완적(阮籍), 산도(山濤), 왕융(王戎)

들에게 찬탄의 대상이었다. 말하자면 위나라 말기의 손꼽히는 명사였던 셈인데, 위나라 왕실의 인척인 혜강의 인기가 높을수록 사마씨 일족은 신경을 곤두세우고 그를 경계했다. 혜강 자신도 목적을 위해 수단 방법을 가리지 않는 사마씨 일족의 수법을 좋게 보지 않았기 때문에, 그 산하에 들어가 관료가 될 마음은 전혀 없었다. 따라서 완적과 산도를 비롯한 칠현의 주요 멤버가 사마씨 일족의 요청에 응하여 잇따라 벼슬길에 나간 뒤에도 혜강은 고집스럽게 산양에서 은둔 생활을 계속했다.

사마씨 일족에게 노골적으로 반항하는 태도를 보이면 위험하다는 것쯤은 혜강 자신이 잘 알고 있었다. 그래서 칠현 가운데 하나인 왕융이 "혜강과는 20년 동안 사귀었지만, 그가 기뻐하거나 화를 내는 것을 본 적이 없다"고 경탄할 만큼 대인관계에 신중했다.

하지만 뭐니뭐니해도 혜강은 철저한 반골이다. 타고난 비판정신을 억누르고 감추는 것은 불가능했다. 경원(景元) 4년(263년), 그는 친구 여안(呂安)이 친어머니를 채찍으로 때렸다고 무

왼쪽부터 완함(阮咸), 유영(劉伶), 향수(向秀)

고를 당한 사건에 연루되어, 결국 처형당하고 말았다.

그보다 2년 전인 경원 2년, 이미 사마씨 정권에 들어가 이부랑(吏部郎: 하급 관리의 인선을 담당하는 관리)을 지내고 있던 죽림의 벗 산도가 다른 곳으로 전임하게 되자, 혜강을 후임으로 추천한 적이 있었다. 벼슬길에 나가지 않은 혜강과 벼슬길에 나간 산도는 다른 길을 걷게 되었지만, 그후에도 서로 신뢰하면서 친하게 사귀고 있었다. 재야의 비판 세력에 대한 사마씨 일족의 압박이 강해졌을 때니까, 산도가 혜강을 염려하여 자기 후임으로 추천한 것이다.

하지만 산도의 이런 배려가 오히려 화근이 되었다. 혜강은 산도에게 절교장을 보내고, 자기가 얼마나 관리에 어울리지 않는 인간인가를 누누이 이야기했다. 뿐만 아니라 당시 관료 사회의 기회주의를 철저히 비판 공격했다. 사마씨가 위나라 관료 사회를 지배하고 왕조 찬탈을 눈앞에 둔 시점이라 이 발언은 큰 파문을 불러일으켰고, 혜강에 대한 사마씨 정권의 태도는 더욱 강경해졌다.

혜강이 산도에게 보낸 절교장——「산거원(山巨源: 산도)에게 주는 절교서」——은 양(梁)나라 때(502~557년) 소명태자 소통(蕭統)이 편찬한 시문집 『문선』에 실려 오늘날까지 전해진다. 요컨대 이것은 개인적인 편지가 아니라 공개를 전제로 하여 쓴 서간체 작품이고, 그렇기 때문에 당시 다른 사람들도 그 편지를 읽었던 것이다.

사마씨 정권 내부에서 혜강을 처단하자는 목소리가 높아지고 있을 때 일어난 것이 앞에 말한 여안 사건이었다. 친어머니를 채찍으로 때렸다는 여안의 죄상은 날조였고, 혜강은 용감하게 친구를 변호하고 나섰다. 당시 사마씨 일족은 유교 이념의 두 기둥인 '충'(忠)과 '효'(孝) 가운데 '효'를 특히 중시하고 있었다. 자기가 모시는 군주인 위나라 왕을 몰아내고 왕조를 찬탈하려 하는 사마씨 일족이 '충'을 내세울 수는 없었기 때문이다. '충'이라는 미덕은 그들에게는 몹시 거북하고 불편한 것이었다. 이런 사정도 있어서, 혜강은 불효자 여안을 편들었다는 이유로 마흔 살의 나이에 처형당하고 말았다. 사마의의 손자 사마염이 위나라를 멸하고 서진을 세운 것은 혜강이 죽은 지 2년 뒤인 태시 원년(265년)이었다.

혜강은 20년 동안이나 은둔 생활을 계속한 뒤, 마침내 울화통을 터뜨려 사마씨 정권과 정면으로 충돌하고 형장의 이슬로 사라졌다. 이에 대해 칠현의 두번째 유형에 속하는 완적과 그 조카인 완함과 유영은 사마씨 정권 산하에 들어가긴 했지만, 본심을 감추고 폭음과 기행에 몰두하면서 자신이 아무 쓸모도 없는 사람임을 과시하여 무사히 목숨을 부지했다.

이들 세 사람 가운데 완적은 혜강과 함께 이름 높은 시인이자 철학자였다. 그는 사마씨 정권의 관리가 된 뒤에도 늘 술에 취해 세월을 보냈다. 보병 교위(校尉)의 근무처에 술이 잔뜩 있다는 말을 듣자마자 당장 그 자리를 자원하여 취임하는 등, 철저한 사보타주를 계속했다.

완적의 음주에 얽힌 에피소드는 이루 헤아릴 수 없을 정도다. 상중에 음주와 육식을 엄격하게 금하는 복상 규정을 어기고, 어머니 상중에 일부러 술을 퍼마시고 고기를 먹었다는 이야기(『세설신어』 「임탄편」)도 그 중 하나다. 물론 여기에는 내막이 있다. 완적이 복상 규정을 태연히 어긴 것은 사마씨 일족이 장려하는 '효'의 유교적 형식주의를 몸소 비판하기 위해서였다. 완적은 어머니를 매장할 때도 역시 규정을 어기고 술과 돼지고기를 잔뜩 먹었지만, 이윽고 슬픔을 견디지 못해 피를 토하고 축 늘어져버렸다고 한다. 이것만 보아도 복상 규정을 보란 듯이 어긴 것이 의식적인 연기였다는 사실을 분명히 알 수 있다.

혜강과 완적은 노장 사상의 실천가로서 유교적 의례주의, 나아가 사마씨 정권의 근본 이념인 '효'의 형식주의에 이의를 제기했다. 하지만 혜강이 궁지에 몰려 결국 처형당한 반면, 완적은 법망을 교묘히 빠져나가 목숨을 보전할 수 있었던 것은 무엇 때문일까.

첫째, 사마씨 일족의 총수인 사마소가 무엇 때문인지 계속 완적에게 호의를 갖고 있었다. 둘째로는 완적이 항상 술을 방패막이로 삼아 구제할 길 없는 주정꾼의 가면을 쓰고 있었던 것이 주효했다고 말할 수 있을 것이다. 완적의 주정꾼 흉내는 거의 심오한 경지에 이르러 있어서, 한번은 사마소가 혼담을 꺼낼 기미를 보이자 무려 60일 동안이나 계속 술에 취해 곤드라져 있었기 때문에 사마소도 결국 체념했다는 이야기도 있다. 이렇게 완적은 상식의 테두리 밖에서 살고 있는 술고래 기인이라는 평판을 이용하여, 위·진 왕조 교체기에 반항과 보신의 위험한 줄타기를 멋지게 해냈다.

하지만 사마씨 일족을 우두머리로 하는 관료 사회의 일원이 되었으면서도 사보타주와 주정꾼 흉내로 체제에서 이탈한 완적에게는 항상 무리를 거듭하고 있는 자의 괴로움이 따라다닌다. 반면에 완적 같은 재능도 없고 명성도 없는 조카 완함이나 유영은 명목상으로 사마씨 정권의 관리가 된 것은 완적과 마찬가지지만, 완적보다 훨씬 무사태평해서 쾌락주의적인 생활을 마음껏 즐겼다.

완함은 숙부인 완적 못지않은 술꾼이지만, 호색적인 경향도 아주 농후해서 격정에 사로잡혀 사랑하는 여자를 멀리까지 쫓아간 일화가 있다. 『세설신어』의 「임탄편」에 따르면, 완함은 고모를 모시는 하녀를 사랑하고 있었다. 그런데 때마침 멀리 이사를 가게 된 고모가 완함에게 알리지도 않은 채 그 하녀를 데리고 떠나버렸다. 이를 안 완함은 어머니의 상중임에도 아랑곳하지 않고 상복 차림으로 나귀를 타고 달려가 그녀를 데리고 돌아와서 아내로 삼았다고 한다.

복상 규정 따위는 상관하지 않고 사랑의 격정에 사로잡혀 달려가는 완함의 모습에는 완적보다 훨씬 자연스러운 데가 있다. 게다가 상대는 신분이 낮은 하녀였으니까, 완함이 세간의 평판 따위는 염두에도 두지 않는 자유로운 감각의 소유자였음을 알 수 있을 것이다.

유영 역시 둘째가라면 서러울 정도의 술고래였고, 역시 사마씨 정권의 벼슬아치가 되긴 했지만 명실공히 아무 짝에도 쓸모없는 사람으로 살았다. 유영의 생활 방식은 그야말로 무위자연을 실천하는 것이었다. 언제나 술에 젖어 제멋대로 행동하고, 집에서는 실오라기 하나 걸치지 않은 알몸으로 지낸 적도 있었다고 한다. 이것을 꼴사납다고 나무라는 사람에게 유영은 이렇게 대답했다. "나는 천지를 내 집으로 생각하고, 집안을 잠뱅이로 생각한다. 당신들은 왜 내 잠뱅이 속에 들어오는가?"(『세설신어』「임탄편」) 이렇게 노장 사상가 특유의 과장된 표현으로 비판자를 어리둥절하게 만들면서, 유영은 세속적인 상식에 전혀 구애받지 않고 자기 생각대로 살았다.

반항과 보신의 두 가지 길을 의식적으로 걸어간 완적, 내적 갈등과는 거의 무관하게 마음 내키는 대로 살아간 완함과 유영. 의식에는 상당한 차이가 있지만, 어쨌든 이들 세 사람은 사마씨 정권의 관료 사회에 들어간 뒤에도 술을 방패막이로 삼아 자신의 본심을 감추고, 사보타주로 일관하면서 관료계의 은자로 살았나.

끝으로 죽림 칠현의 세번째 유형에 속하는 세 사람——산도·

왕융·향수──은 말하자면 전향파다. 특히 앞의 두 사람은 사마씨 정권에 적극적으로 참여하여 중요한 참모가 되었다. 그래도 일찍이 죽림 칠현의 일원이었던만큼, 사실 그들의 처세에는 단순히 전향파라는 말로 처리할 수 없는 복잡한 무언가가 있다.

세 사람 가운데 산도는 사마씨 일족과 동향(하내군. 오늘날의 허난성)인데다 인척관계도 있었기 때문에 순순히 사마씨 정권에 참여하여 중책을 맡았다. 하지만 앞에서 말했듯이 그후에도 혜강과 친교를 유지하고, 위나라 왕실의 인척이라는 미묘한 처지에 있는 혜강을 힘닿는 데까지 비호했다. 그 배려가 오히려 화근이 되어 혜강이 살해된 뒤에도 산도는 혜강의 유족을 남몰래 돌봐주었다.

혜강의 아들 혜소(嵆紹)가 성장하자 산도는 그를 서진 왕조의 비서승(秘書丞: 궁중의 도서를 관리하는 관직) 자리에 앉히려고 했다. 혜소는 아버지를 죽인 서진 왕조를 섬기기를 망설였지만, 산도는 "하늘과 땅과 계절에도 변화가 있거늘, 하물며 인간은 말할 나위가 있겠느냐"고 타일렀다. 이 설득을 받아들여 벼슬길에 오른 혜소는 그후 성심성의껏 서진 왕조의 관리로 살았고, 내란이 일어나자 사리에 어둡고 우둔하기로 유명한 제2대 황제 혜제(惠帝: 290~306년 재위)를 끝까지 지키다가 장렬하게 전사했다.

이렇게 보면 산도는 사마씨 정권의 중신이 된 뒤, 그 신분을 최대한 활용하여 죽림의 맹우 혜강과 그의 아들을 비호하는 역할을 충실히 맡은 셈이다. 그후 중국의 왕조 교체기에는 전향자라는 오명을 뒤집어쓴 채 권력의 중추에 자리잡고, 새 왕조가 위험인물로 낙인찍은 친구를 비호하는 역할을 남몰래 담당하는 인물이 반드시 출현한다. 산도는 그런 전향자의 효시였다.

역시 전향파인 왕융은 죽림 칠현 중에서도 유난히 젊은데다, 죽림 시절부터 이미 다른 멤버들의 야유를 받을 만큼 세속적인 기질이 강했다. 명문 귀족 '낭야(琅琊) 왕씨' 출신인 왕융은 사마씨 정권에 참여하자마자 출세를 거듭하여, 서진 왕조가 성립된 뒤에는 그 왕조의 거물이 되었다. 하지만 서진은 왕조 찬탈에 에너지를 다 소모한 탓인지 성립과 동시에 몰락의 내리막길을 굴러 떨어지기 시작했고, 어리석은 혜제가 제2대 황제로 즉위한 뒤에는 내란과 북방 이민족의 침입으로 회복할 수 없는 타격을 입었다.

이제 끝장이라고 체념한 왕융은 기울어지기 시작한 서진을 깨끗이 포기하고, 놀랍게도 인색한 속물 흉내를 내면서 정무를 내팽개친 채 돈벌이에만 열중했다. 정권의 중추에 앉아 있으면서 역시 사보타주를 단행한 것이다. 북방 이민족의 침입으로 서진이 존망의 위기에 빠지자마자 잽싸게 달아나 72세의 천수를 누렸으니, 그 또한 대단한 인물이었다. 칠현의 다른 멤버들과 달리 왕융의 처세에서는 과연 세속적인 냄새가 물씬 풍긴다. 하지만 권력의 한복판에 살면서도 결코 권력에 동화되지 않는 그 자세에서는 국가나 권력에서 멀리 떨어져 어디에도 구속되지 않은 생활 방식을 지향하는 죽림 칠현 특유의 자세가 엿보인다.

혜강의 과감한 저항, 본심을 감추면서도 권력과 거리를 유지하려는 완적 등의 교묘한 저항, 권력의 중추에 있으면서도 결코 권력에 동화되지 않는 산도나 왕융의 융통성있는 태도. 은자 그룹 '죽림 칠현'은 어쩔 수 없이 죽림에서의 풍류에 마침표를 찍고 난세에 번롱당하면서도, 각자 나름의 방식으로 현실 권력에 좌우되지 않는 은자의 이념과 자긍심을 유지했다고 말할 수 있을 것이다.

# 4 동진의 풍류 귀족

난세의 귀족들 속에서 '서성' 왕희지는 태어났다

'죽림 칠현'의 혜강을 비롯한 많은 비판자를 피의 제물로 바치고 위나라를 대신하여 들어선 서진(西晉: 265~316년)은 280년에 삼국(위·촉·오) 가운데 마지막으로 남은 오나라를 멸하고 중국 전역을 통일했다. 하지만 악랄한 찬탈극의 후유증으로 성립 당시부터 많은 병근을 안고 있었던 서진은 290년에 무능하기 짝이 없는 제2대 황제 혜제(290~306년 재위)가 즉위하자마자 벌써 몰락의 내리막길을 굴러 떨어지기 시작한다.

영녕(永寧) 원년(301년)부터 여러 해 동안 사마씨 일족의 왕들은 피로 피를 씻는 처절한 권력 투쟁을 되풀이했고, 이 '팔왕(八王)의 난'으로 말미암아 서진의 쇠망에 가속도가 붙는다. 내부가 거의 무너져버린 서진의 숨통을 끊은 것은 화북 지방에 침입한 북방 이민족이었다. 영가(永嘉) 5년(311년) 이후 줄곧 흉노족(匈奴族)의 공격(영가의 난)을 받으면서도 간신히 명맥을 유지한 서진은 건흥(建興) 4년(316년)에 드디어 멸망하고, 그후 화북은 5호16국(五胡十六國)이 난립하는 이민족 천하가 된다.

화북이 혼란에 빠지자 많은 사람들이 장강(長江: 양쯔강)을 건너 강남으로 피난했다. 이윽고 그들은 서진 왕실의 일족인 낭야왕 사마예(司馬睿)를 중심으로 결속을 다진다. 서진이 멸망한 이듬해(317년), 사마예는 지배권이 강남에 한정된 한족의 망명 정권 동진(東晉) 왕조(317~420년)를 세우고 제위에 올라 원제(元帝)라고 불리게 되었다. 동진의 수도는 오늘날 장쑤성(江蘇省) 난징시(南京市)인 건강(建康)이었다. 동진을 성립시켜 궤도에 올려놓은 최대 공로자는 위나라 때부터의 명문 귀족인 '낭야 왕씨' 출신으로 정치 감각이 뛰어난 왕도(王導: 267~339년)와 군사에 뛰어난 그의 사촌 왕돈(王敦: 266~324년)이다.

위나라 때부터 서진을 거쳐 동진 시대에 이르기까지 정치와 문화의 중심에 자리잡은 것은 낭야 왕씨를 비롯한 귀족계층이었다. 위진(魏晉) 귀족의 조상들은 대부분 후한 말기인 2세기 후반에 주도권을 장악한 악랄한 환관 세력에 대항하여 당당하게 자기 주장을 편 '청류파'(淸流派) 지식인이었다. 환관파의 탄압을 이겨내고 살아남은 청류파는 이윽고 『삼국지』의 영웅 조조의 산하에 들어가 조조의 천하 평정에 협력한다. 조조 정권의 주요 참모가 된 청류파는 대부분 그대로 조씨 일족의 위 왕조로 수평이동하여 고위 관료가 된다.

이 과정에서 귀족화한 그들의 자손은 이윽고 쇠망한 위 왕조에 등을 돌리고 사마씨를 편들어, 이번에는 서진 왕조의 중추부

왕도(王導)

를 차지한다. 이 패턴은 서진에서 동진으로 넘어가는 과도기에도 그대로 되풀이되었다.

위진 귀족의 두드러진 특징은 정세가 불안한 난세에 살면서도 현실을 등한시하고, 속세를 떠난 생활 방식에서 가치를 찾아냈다는 점이다. 그들은 실무나 실리를 경멸하고, 술과 약(신경 자극제인 오석산五石散)과 청담(淸談: 철학 담론)에 도취하고, 앞다투어 기발한 풍류적 생활 방식을 과시하면서, 서진 왕조의 붕괴와 북방 이민족의 침략으로 파멸을 향해 눈사태처럼 굴러가는 시대를 보내고 살아남았다. 뿐만 아니라 낭야 왕씨를 비롯하여 화북지방에서 강남으로 내려온 망명 귀족들의 연합 정권이라고 할 수 있는 동진 왕조까지 세웠으니, 그 끈질김은 정말 보통이 아니다.

동진 왕조가 성립된 직후의 다사다난한 시기에도 탈속적이고 풍류적인 귀족들의 성향은 전혀 달라질 기미를 보이지 않았다. 이 시기에 엉뚱한 언행으로 이름을 날린 것이 '팔달'(八達 : 8인의 한량)이라고 불리는 자들이다. 광일(光逸)·호무보지(胡毋輔之)·사곤(謝鯤)·완방(阮放)·필탁(畢卓)·양만(羊曼)·환이(桓彝)·완부(阮孚) 등 8명으로 이루어진 팔달 그룹은 머리를 풀어헤치고 알몸으로 술에 탐닉하고, 세속에 구속되지 않는 자유분방한 생활 방식을 보란 듯이 과시했다. 이들이 '죽림 칠현'을 모방한 것은 말할 것도 없다.

　　기인들만 모인 팔달 중에서도 사곤과 완부는 더욱 기발한 존재였다. 서진 말기부터 이미 상식에 얽매이지 않는 자유분방함으로 유명했던 사곤에게는 이런 일화가 있다. 그가 아직 화북에 살고 있을 때, 이웃집 딸이 대단한 미인이었다. 그래서 수작을 걸고 희롱했더니, 성난 아가씨가 사곤에게 북(베틀의 부속품)을 던져 사곤의 앞니가 부러져버렸다. 세상 사람들이 "유여(幼輿 : 사곤의 자)가 너무 임달(任達 : 자유분방)해서 이를 부러뜨렸다"고 비웃자, 사곤은 이빨 빠진 입을 오므리고 휘익 휘파람을 불면서 "그래도 내가 휘파람을 부는 것은 막을 수 없다"고 말했다.

　　그후 사곤은 강남으로 건너와 동진 정권에 가담하여, 동진을 성립시킨 일등 공신 왕돈의 부하가 되었다. 하지만 강대한 군사력을 가진 왕돈은 차츰 동진을 무너뜨리고 스스로 권력을 차지하려는 야망을 키웠다. 강직한 사곤이 아무리 간해도 전혀 귀를 기울이려 하지 않는다. 그래서 사곤은 팔달 동지들과 술을 퍼마시며 정치에는 일절 관여하지 않게 되었다. 경박한 사곤의 풍류 스타일이 사실은 어려운 상황을 극복하기 위한 의태이기도 했다는 것을 알 수 있다(비할 데 없는 술꾼이었던 것도 확실하지만).

영창(永昌) 원년(322년), 왕돈은 마침내 군사를 일으켜 동진 왕조에 반기를 들었다(왕돈은 반란이 한창 진행중이던 2년 뒤에 병사했다). 사곤은 성립된 지 얼마 안된 동진을 뿌리째 뒤흔든 이 '왕돈의 난'이 진압되기 전에 병사하지만, 그의 아들 사상(謝尙: 308~357년)은 군사적 재능이 뛰어난 인재여서 이윽고 동진 왕조의 거물이 되었다. 동진 중기 이후 '낭야 왕씨'를 능가하는 명문 귀족이 된 '양하(陽夏) 사씨'는 이 사곤과 사상의 일족이다.

팔달 가운데 특기할 만한 존재인 완부는 '죽림 칠현'의 일원인 완함의 아들이었다. 완함이 고모의 하녀를 열애한 일화는 유명한데, 이 하녀가 바로 완부의 어머니다. 그녀는 북방 이민족인 선비족(鮮卑族) 출신이었다고 한다.

세간의 평판을 개의치 않는 열렬한 사랑의 증거로 이 세상에 태어난 완부는 세속의 명리에 집착하지 않는 초탈한 인물이었다. 미치광이 같은 팔달의 다른 멤버들과는 달리, 그에게는 느긋하고 대범하게 일탈을 즐기는 분위기가 있었다. 완부는 나막신 마니아여서, 온갖 나막신을 모으고 있었다. 틈만 나면 수집한 나막신을 늘어놓고, 손수 불을 피워 녹인 밀랍으로 한 켤레

씩 정성껏 손질하는 것이 무엇보다 큰 낙이었다. 그러고는 한숨을 내쉬면서 이렇게 말하곤 했다. "내 평생 나막신을 몇 켤레나 신을 수 있을까."

이 탈속적이고 사랑스러운 기인 완부는, 권력과 거리를 유지하면서 위·진 왕조 교체기를 살아남은 종조부(완적)와 아버지(완함)를 본받아, 유동하는 정치 상황에 관여하지 않으려는 자세를 무너뜨리지 않았다. 동진의 제2대 황제인 명제(明帝: 322~325년 재위)가 중태에 빠졌을 때의 일이다. 중신인 온교(溫嶠)는 황제의 유명(遺命)을 받기 위해 궁궐로 가는 길에 당시 모든 관직을 버리고 은둔 생활을 하고 있던 완부의 집에 들렀다.

온교는 이유도 말하지 않고 우선 완부를 자기 마차에 태운 뒤, 함께 유명을 받아 기반이 취약한 동진을 반석 위에 올려놓아 달라고 요청했다. 완부는 극구 거절하면서 마차에서 내려달라고 고집했지만, 온교는 완부를 내려주지 않았다. 옥신각신 실랑이를 벌이다 보니 어느새 궁궐 문에 이르렀다. 완부는 갑자기 똥이 마렵다면서 마차에서 뛰어내려 집으로 돌아와버렸다. 권력과의 밀착을 철저히 기피하는 완고한 의지가 엿보이는 이야기다.

명제가 죽은 뒤, 겨우 다섯 살밖에 안된 맏아들 성제(成帝: 325~342년 재위)가 즉위하자 당장 치열한 권력 투쟁이 벌어지고 쿠데타가 일어나 동진 왕조는 큰 혼란에 빠졌다. 완부는 이런 사태를 예측하고, 그런 데 말려드는 것은 질색이라고 생각하여 미리 몸을 뺀 것으로 보인다.

이처럼 동진 초기의 두 기인인 사곤과 완부는 때로는 과격하고 때로는 대범하게 '죽림 칠현' 같은 기행에 몰두하면서 위험한 정치 상황을 피하고 있었다. 그들의 탈속적 언행에는 위진의 귀족 사회에 널리 퍼져 있었던 도가 사상의 초월 지향과 탈속 지향, 그리고 위험한 상황에서 멀찌감치 물러나 살아남으려는 보신 지향이 얽혀 있다.

그렇다 해도 동진 초기의 풍류 귀족에게는 서진에서 동진으로 넘어가는 혼란스러운 동란기를 헤치고 살아남은 사람들답게 어딘가 야만적인 데가 있다. 폭음과 기행을 일삼는 팔달의 풍류에서도 그것을 엿볼 수 있다. 하지만 동진 왕조가 비교적 안정기에 접어들자, 귀족계층에 속해 있는 사람들의 미의식도 극도로 세련되고, 풍류 귀족의 모습도 달라지기 시작한다. '서성'(書聖)이라고 불린 왕희지(王羲之: 307~365년)는 이런 동진 중기의 풍류 귀족을 대표하는 존재다.

왕희지는 낭야 왕씨 일족으로, 동진의 공신인 왕도나 왕돈의 종질(사촌의 아들)이다. 앞에서도 말했듯이 왕돈은 영창 원년(322년)에 군사를 일으켜 동진 왕조를 전복하려고 했다. 동진의 초대 황제인 원제가 교활한 측근들의 말만 듣고 공신인 왕도를 냉대하기 시작한 것이 반란의 도화선이 되었다. 이런 사정으로 미루어보아, 반란을 일으킨 왕돈과 사촌 왕도 사이에는 암묵적인 양해가 있었던 것 같다.

하지만 왕돈의 난이 맹위를 떨친 2년 동안, 왕도는 동진 조정에 대해 사촌형의 괘씸한 행위를 사과하는 포즈를 취했다. 이

像 少 逸 王

왕희지(王羲之)

교묘한 양면 작전이 주효하여, 왕돈이 뜻을 이루지 못한 채 병사하고 반란이 진압된 뒤에도 왕도는 태연히 중신들의 우두머리 자리를 차지했고, 명문 귀족인 낭야 왕씨는 집안에서 반란자가 나왔는데도 여전히 번영을 누렸다.

사실은 왕돈의 난이 겨우 진압되자마자 동진 왕조는 다시 동란에 말려들었다. 나이어린 성제가 제3대 황제로 즉위한 지 2년 뒤인 함화(咸和) 2년(327년), 왕돈의 난을 평정하는 데 공을 세운 장수 소준(蘇峻)이 별안간 군사를 일으켜, 수도 건강으로 쳐들어와 온갖 행패를 부린 것이다. 2년에 걸친 소준의 난은 동진의 군사 실력자인 치감(郗鑒: 269~339년)과 도간(陶侃: 259~334년)의 노력으로 겨우 진압되었다. 그후 노련한 정치가 왕도가 내정을 담당하고, 치감과 도간이 군사를 담당하는 세 거두의 협력 체제가 확립되어, 동진은 한동안 평온한 계절을 맞는다.

왕도의 종질인 왕희지는 세 거두 가운데 하나인 치감의 사위였다. 위·진의 명사 일화집인 『세설신어』에 나오는 이야기에 따르면, 치감은 왕도와의 유대를 강화하려고 낭야 왕씨 일족 중에서 훌륭한 청년을 골라 딸과 결혼시키고 싶어했다. 그래서 부하를 보내 왕도에게 이야기를 꺼냈다. 그러자 왕도는 마음대로 신랑감을 골라보라고 했다. 그래서 부하는 왕도의 저택에 모여 있는 왕씨의 자제들을 유심히 관찰하고 돌아와서 치감에게 보고했다.

"왕씨네 자제들은 모두 훌륭하지만, 사윗감을 찾으러 왔다는 말을 듣고는 모두 모양을 내고 점잔을 뺐습니다. 하지만 한 사람만은 동쪽 침대에 엎드린 채 전혀 제 말을 듣고 있지 않는 것 같았습니다." 이 말을 듣고 치감이 말했다. "그 사람이 좋겠군." 알고 보니 그 사람이 왕희지였다. 그래서 딸을 왕희지에게 시집보냈다. (『세설신어』「아량편雅量篇」)

왕희지의 담대한 대범함이 백전 노장 치감의 마음에 들었던 것이다. 물론 정략 결혼이지만, 다행히 왕희지와 아내는 성격이 잘 맞아서 7남 1녀를 낳고 행복한 결혼 생활을 했다. 순풍에 돛단 듯한 결혼 생활과는 반대로, 왕희지는 답답한 관료 생활에는 끝내 익숙해지지 않아 정치 무대에서 내려올 생각만 하고 있었다.

왕희지는 젊은 시절부터 '골경'(骨鯁: 뼈와 가시)이라고 불릴 만큼 강직한 인물이어서, 당숙인 왕도도 "우리 일족의 호프"라고 기대를 걸었다. 왕도는 종잡을 수 없는 태도를 취하면서 실속을 차리는 노련한 대정치가였지만, 그런 타협적인 생활 방식이 왕희지의 성질에는 전혀 맞지 않는다. 당숙인 왕도와 장인 치감이 죽은 뒤, 제2의 왕돈이라고 말할 수 있는 야심가 환온(桓溫: 312~373년)이 대두하여 정국의 형세가 불온해지자, 왕희지는 완전히 넌더리가 나서 의욕을 잃어버린다.

왕도를 비롯한 동진의 제1세대는 귀족이라고는 하지만 전란기를 헤쳐나오면서 억척스럽게 살아온 사람들이었다. 반면에 제2세대인 왕희지는 타고난 귀족이어서, 비속하고 추악한 권력 투쟁에 몸을 담그는 것은 생각만 해도 소름이 끼친다. 요컨대

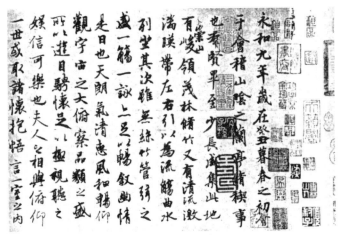

「난정서」(蘭亭序), 신룡본(神龍本)

동진 중기의 풍류 귀족인 왕희지의 권력 기피와 탈속 지향은 앞서 말한 사곤 등의 경우와는 달리 생활 방식에서의 미학이라 해도 좋을 것이다.

영화(永和) 7년(351년)에 왕희지는 자원해서 중앙을 떠나 회계군(會稽郡: 오늘날 저장성 사오싱시)의 장관이 되었다. 풍광이 아름다운 회계에서는 사곤의 조카(사상의 사촌)이고 당시 손꼽히는 명사였던 사안(謝安: 320~385년)을 비롯한 많은 친구들이 우아한 은둔 생활을 하고 있어서, 왕희지는 그들과의 교유를 마음껏 즐겼다. 왕희지 글씨의 최고 걸작으로 꼽히는 「난정서」(蘭亭序)는 그런 교유의 자리에서 태어난 작품이다.

영화 9년(353년) 3월 3일 삼짇날, 왕희지는 회계산 북쪽의 명승지인 난정에 있는 별장으로 친구들을 초대하여 '곡수유상연'(曲水流觴宴)을 베풀었다. 굽이굽이 감돌아 흐르는 시냇물에 술잔을 띄우고 차례대로 시를 짓는 모임을 연 것이다. 왕희지가 이때 지은 시를 모아서 엮은 것이 『난정시』이고, 그 서문으로 붙인 것이 「난정서」였다.

난정에서 '곡수유상연'을 연 지 2년 뒤인 영화 11년(355년), 왕희지는 관료 사회에서 깨끗이 발을 뺐다. 당시 나이 49세. 같은 왕씨지만 계통이 다른 '태원(太原) 왕씨' 출신으로 왕희지의 정적이었던 왕술(王述)과의 알력에 싫증이 났고, 환온과 맞설 만한 인물로 여겨진 친구 은호(殷浩)가 영화 10년에 실각한 것이 계기가 되어, 왕희지는 평소의 염원대로 은퇴와 은둔의 길을 택한 것이다.

굳건한 신념을 가진 풍류 귀족 왕희지는 개운하게 자유의 몸이 된 뒤에도 그대로 회계에 눌러 살면서 자유로운 생활을 즐겼다. 마음 내키는 대로 붓을 들고, 7남 1녀를 얻은 단란한 가정에서 휴식을 취하고, 마음이 맞는 벗들과 이야기를 나누었다. 왕희지는 도교 일파인 천사교(天師敎)의 열성적인 신자였기 때문에, 회계의 산중을 헤매 다니며 불로장생의 약초를 채취하는 등 수행에 힘쓰기도 했다.

번잡한 속세에서 물러나 몸도 마음도 자유롭게 해방된 왕희지는 은둔 생활의 쾌락을 마음껏 맛보았다. 말할 나위도 없는 일이지만, 이렇게 우아한 은둔 생활을 계속할 수 있었던 것은 그가 부유한 귀족이라서 경제적으로 어떤 불안도 없었기 때문이다. 참으로 부러운 귀족적 은자다. 귀족적 은자 왕희지가 취미로 몰두한 글씨에는 자유말고는 아무것도 바라지 않았던 그의 정신이 응축되어 있어서, 뜻밖에 글씨의 수준을 경이적으로 끌어올리는 결과가 되었다.

왕희지는 10년 동안 유유자적한 은둔 생활을 하다가 흥녕(興寧) 3년(365년)에 59세를 일기로 세상을 떠났다. 죽을 때까지 은둔의 의지를 관철한 왕희지와는 대조적으로 역시 회계에서 은둔 생활을 즐기고 있던 친구 사안은 왕희지가 죽기 몇 해 전에 동진 조정의 간곡한 부름을 받고 마지못해 무거운 몸을 일으켜 벼슬길에 올랐다. 사안은 그후 동진에 대한 압박을 강화한 환온과 십여 년 동안 힘을 겨루었지만, 끈기에서 진 환온이 영강(寧康) 원년(373년)에 병사했기 때문에 이 싸움은 사안의 승리로 끝났다. 이렇게 독특한 풍류 귀족을 많이 키워낸 동진 사회는 사안이 죽은 뒤인 원흥(元興) 2년(403년)에 아버지의 유지를 이어받은 환온의 아들 환현(桓玄)이 반란을 일으킬 때까지 한동안 최후의 평화를 누리게 된다.

# 5 갈홍

신선 사상을 체계화한 '문무 겸비'의 인물

　북방 이민족에게 쫓겨난 한족이 강남에 세운 망명 정권 동진 왕조(317~420년)는 북쪽에서 내려온 귀족과 강남의 토착 귀족으로 이루어져 있어서, 최고 우두머리인 황제의 권력 기반은 매우 취약했다. 춘추전국의 난세가 그러했듯이, 정치적 구심력이 없는 것은 이따금 사상이나 문화 분야에 온갖 꽃이 한꺼번에 피어나는 것과 같은 성황을 가져온다. 동진 시대도 마찬가지여서, 유교와 불교와 도교가 맞서 격전을 벌이고 서화가 예술 장르로 확립되는 등 다양한 문화가 찬란한 꽃을 피웠다.

　중국에 예로부터 전해 내려오는 신비 사상과 노장 사상을 토대로 하여 신선 사상을 체계화한 이론서 『포박자』(抱朴子)를 쓴 갈홍(葛洪: 283~343년)도 이런 동진의 자유로운 문화적 분위기가 낳은 뛰어난 재주꾼이다. 갈홍은 90여 명에 이르는 선인들의 전기집인 『신선전』(神仙傳)의 저자로도 알려져 있다.

자(字)를 치천(稚川)이라고 하는 갈홍은 단양군(丹陽郡) 구용현(句容縣: 오늘날 장쑤성 난징시 부근) 출신이다. 먼 조상은 후한 왕조 창설에 수훈을 세운 공신이었지만, 그후 강남으로 건너와 차츰 영락하여 구용현의 호족이 되었다. 갈홍의 할아버지 갈계(葛系)와 아버지 갈제(葛悌)는 삼국 가운데 하나인 오나라를 섬겼지만, 태강(太康) 원년(280년)에 오나라가 서진(265~316년)에 병합되었기 때문에 갈홍의 아버지 갈제는 서진을 섬기게 되었다. 갈홍이 태어난 것은 그로부터 3년 뒤인 태강 4년(283년)이었다.

그후 갈제는 여러 벼슬을 전전하다가 소릉군(邵陵郡: 오늘날의 후난성)의 장관이 되지만, 갈홍이 13세 때인 원강(元康) 5년(295년)에 세상을 떠났다. 집안의 기둥을 잃은 갈씨 집안은 당장 가난의 구렁텅이로 떨어졌다. 공부를 좋아하는 갈홍은 어쩔수 없이 땔나무를 팔아 종이와 붓을 사고, 남에게 책을 빌려서 베껴야 했다. 책을 베끼려 해도 종이를 마음대로 구하지 못해 한 번 쓴 종이에 글씨를 겹쳐 쓰곤 했기 때문에 자신밖에는 판독할 수 없는 형편이었다고 갈홍은 『포박자』의 「외편」(外篇)에 덧붙인 '자서'(自敍)에서 술회하고 있다.

갈홍은 이렇게 고학을 거듭하여 유교 경전을 비롯한 온갖 책을 읽고 기초적인 교양을 갖추는 한편, 정은(鄭隱)이라는 인물을 스승으로 모시고 신선도교와 방술(方術: 불로장생·의약·호흡법 등의 비술)을 배웠다. 갈홍의 일족은 원래 신선도교와 깊은 관계가 있었다. 갈홍의 종조부 갈현(葛玄)은 위나라의 조조를 조롱한 유명한 방사(方士: 신선의 술법을 닦아서 방술을 부리는 도사)인 좌자(左慈)의 제자였고, 갈홍의 스승 정은은 갈현의 제자였다. 결국 갈홍은 갈현이 좌자한테서 전수받은 신선도교의 깊은 뜻을 정은을 통해 배운 것이다.

갈홍은 나중에 좌자와 갈현의 전기를 『신선전』에 수록하여 그들의 초능력을 생생하게 그려냈다. 좌자에 관해서는 마술을 부리는 좌자에게 애를 먹은 조조가 좌자를 옥에 가두고 1년 동안이나 밥을 주지 않았는데도 좌자는 여전히 혈색도 좋고 전혀 고통을 느끼지 않았다는 이야기며, 교묘하게 분신술을 구사하여 조조를 현혹시킨 이야기 따위가 실려 있다.

또한 종조부 갈현의 전기에도 분신술을 비롯하여 갈현의 초능력을 보여주는 일화가 가득 실려 있다. 예를 들어 갈현은 손님과 한창 이야기를 하고 있을 때 다른 손님이 찾아오면 언제나 현관까지 마중을 나갔는데, 방 안에는 또 한 사람의 갈현이 남아서 먼저 온 손님과 담소를 나누고 있었다고 한다. 갈홍은 『신선전』에서 다룬 90여 명의 선인들이 실재했다고 확신했고, 좌자와 갈현의 이런 초능력도 어디까지나 사실로서 묘사하고 있다는 점이 주목된다.

그거야 어쨌든, 갈홍은 젊은 나이에 유교의 기초 교양에서부터 좌자의 신선도교에 이르기까지 폭넓은 지식을 갖추었지만, 그러는 동안 시대 상황이 급속히 악화하기 시작한다.

사마씨 일족의 서진은 삼국(위·촉·오)을 멸하고 중국 전역을 통일했지만, 영희(永熙) 원년(290년)에 초대 황제 무제(武帝:

265~290년 재위)가 죽고 어리석은 맏아들 혜제(290~306년 재위)가 즉위하자마자 당장 형세가 불온해지기 시작한다. 사마씨 일족의 왕들 사이에 치열한 권력 쟁탈전이 벌어졌고, 그 투쟁은 마침내 영녕 원년(301년)에 '팔왕의 난'으로 확대된다. 이 내란을 틈타 북방 이민족이 야금야금 화북지방(황하의 중하류 유역 일대)으로 밀고 들어오고 각지에서 반란이 일어나는 등, 혼란은 순식간에 중국 전역으로 걷잡을 수 없이 퍼져간다.

강남도 예외가 아니어서 긴급 사태에 직면했다. 우선 팔왕의 난이 초래한 혼란 때문에 경제적으로 곤궁해진 화북의 백성들이 유민이 되어 먹을 것을 찾아 남하하기 시작했다. 여기에 남방 이민족 출신인 장창(張昌)이라는 자가 등장하여, 태안(太安) 2년(303년)에 성인이 나타나 백성을 구제한다는 예언을 퍼뜨리면서 당장 유민 무리를 끌어들여 반란군을 조직한다. 그 결과 장창을 우두머리로 하는 대규모 유민 반란군은 후베이성(湖北省)에서 후난성(湖南省)에 이르는 일대를 분탕질하고, 장창의 부하 석빙(石冰)이 이끄는 별동대는 장강 하류 유역의 안후이성(安徽省)과 장쑤성(江蘇省)으로 쳐들어오는 사태가 벌어졌다.

위기감을 느낀 강남의 토착 호족들은 대호족 주기(周玘)를 중심으로 결속을 다지고, 석빙 토벌 연합군을 결성하여 석빙과의 결전을 단행했다. 이때 강남의 호족이며 오흥군(吳興郡: 오늘날의 저장성) 장관이었던 고비(顧秘)라는 자가 주기와 함께 토벌군 사령관이 되었다. 이 고비가 보낸 격문이 영락한 호족 갈홍에게 배달되자, 갈홍은 분발하여 당장 석빙 토벌 연합군에 가담한다.

갈홍(葛洪)

갈홍은 수백 명의 병력을 거느리고 석빙군과 용감하게 싸워서 눈부신 전공을 세웠다. 신선 사상가라고는 하지만, 갈홍은 속세를 떠나 공부에만 몰두하는 나약한 사람이 아니라 여차하면 몸을 내던져 전쟁터를 뛰어다닐 수 있는 늠름한 인물이었다.

갈홍 등의 분투가 주효하여, 영흥(永興) 원년(304년)에 토벌 연합군은 보기좋게 석빙을 무찌르는 데 성공한다. 그 직후 토벌 연합군은 해산하고, 연합군에 가담했던 강남의 호족들은 귀향 길에 오르지만, 갈홍은 고향으로 돌아가지 않고 곧장 서진의 수도 낙양으로 간다. 그 목적은 진귀한 책을 찾아내고 견문을 더욱 넓히는 것이었다. 토벌군 장수에서 원래의 신선 사상가로 바뀌는 속도가 정말 놀랄 만큼 빠르다. 당시 갈홍의 나이는 스물두 살이었다.

하지만 어쨌든 팔왕의 난이 한창일 때라 수도 낙양의 혼란도 나날이 심해질 뿐이어서 마음놓고 공부도 할 수 없다. 광희(光熙) 원년(306년), 이제 슬슬 남쪽으로 피난하는 게 낫겠다는 생각이 들 무렵, 때마침 멀리 남쪽에 있는 광주(廣州: 오늘날의 광둥성) 자사(刺史)로 부임하게 된 친구 혜함(嵇含: 혜강의 형 혜희 嵇喜의 아들)이 갈홍에게 참모가 되어 달라고 제의했다. 뜻밖의 행운이라는 듯 이 제의를 선뜻 받아들인 갈홍은 한 발 먼저 임지인 광주로 떠난다.

하지만 광주에 도착한 갈홍이 아무리 기다려도 혜함은 오지 않는다. 혜함은 출발하기 전에 암살당했던 것이다. 믿고 의지하던 혜함이 죽어버렸는데도 갈홍은 그후에도 오랫동안 아무 관직도 없이 계속 광주에 머무른다.

석빙의 난을 진압할 때 갈홍이 보인 활약은 일찍부터 유명해서, 그 용맹함에 눈독을 들인 지방장관이 자기 참모가 되어 달라고 여러 번 제의했지만, 갈홍은 한사코 사양하며 제의를 받아들이지 않았다. 그보다도 그는 남해군(南海郡: 오늘날의 광둥성)의 장관이며 신선도교의 대가인 포현(鮑玄)의 제자로 들어가 더욱 수련을 쌓는 길을 택했다. 포현도 신선 사상가로서 갈홍의 능력을 높이 평가하고, 딸을 그에게 시집보낼 만큼 깊이 신뢰하여 자기가 가진 지식을 모두 전수해주었다.

이렇게 갈홍은 포현 밑에서 신선도교를 배우면서 오랫동안(아마 6, 7년) 광주에 머물다가 고향 구용현으로 돌아갔다. 곧이어 건흥(建興) 3년(315년)에는 건강(健康: 오늘날 장쑤성 난징시)에 근거지를 두고 있는 사마예(당시 서진의 승상. 나중에 동진의 초대 황제인 원제)가 그를 연(掾: 사무관)에 임명하고, 석빙의 난을 토벌한 공적을 뒤늦게나마 인정하여 관내후(關內侯)라는 작위를 내리는 한편 고향 구용현에 200호의 식읍을 주었다. 당시 갈홍의 나이 서른세 살. 석빙의 난 이후 북쪽으로 남쪽으로 이리저리 떠돌던 갈홍도 이제 드디어 안정된 생활을 할 수 있는 전망이 섰다.

갈홍이 떠돌아다니는 동안 시대가 크게 달라졌다. 영녕 원년(301년)에 일어난 팔왕의 난은 점점 격렬해졌고, 기둥이 완전히 기울어진 서진 왕조의 숨통을 끊은 것은 화북지방으로 쳐들어온 북방 이민족이었다. 영가(永嘉) 5년(311년)에는 흉노족이 수도 낙양을 함락하는 대사건이 일어났다. 이것이 이른바 '영가의 난'이다. 영가의 난으로 더 이상 버틸 기력을 잃은 서진 왕조는 건흥 4년(316년)에 드디어 멸망하고, 이민족 왕조의 지배를 받게 된 화북지방에는 5호16국이 난립하게 되었다.

한편 서진이 멸망한 이듬해인 건무(建武) 원년(317년), 서진 왕실의 일족인 낭야왕 사마예가 건강에서 즉위하여(원제, 317~322년 재위) 한족의 망명 왕조 동진을 세운다. 사마예는 영가의 난이 일어나기 전인 영가 원년(307년)에 양주(揚州) 방면군 총사령관으로 하비(下邳: 오늘날의 장쑤성)에 부임했지만, 곧 참모인 왕도(王導: 267~339년)의 권유에 따라 장강을 건너 건강으로 근거지를 옮기고, 강남에서 착실히 세력을 키웠다. 그러자 혼란에 빠진 화북에서 도망쳐 강남으로 피난한 사람들이 사마예 밑에 속속 모여들어 서진의 명맥을 잇는 동진 왕조를 세운 것이다.

갈홍이 사마예한테서 논공행상을 받은 것은 동진 왕조가 성립되기 2년 전, 사마예가 강남에 대한 지배권을 거의 확립한 시기였다. 어찌 되었든 안정된 생활을 할 수 있게 된 갈홍은 그후 10년 동안 그때까지 얻은 지식과 경험을 모두 쏟아부어 저술에 전념한다. 그동안 명목상으로는 연(掾)에 임명되어 있었지만, 실제로 관리로서 일한 기미는 보이지 않는다.

갈홍의 주요 저서인 『포박자』와 『신선전』이 완성된 것도 이 시기(315~325년)이고, 나이로는 33세부터 43세, 갈홍의 장년기에 해당한다. 『포박자』는 신선 사상의 실천 이론을 다룬 방대한 저작인데, 여기에는 몇 가지 주목할 만한 견해가 나타나 있다.

첫째, 불로불사의 존재가 되어 하늘로 올라가 선계의 주민이 되기 위해서는 광물성 선약(仙藥)인 '금단'(金丹)을 복용하는 것이 필수 조건이며, 식물성 선약을 복용하고 도인(導引: 호흡법)이나 방중술 따위를 터득하는 것만으로는 불로장생은 얻을 수 있을망정 불사의 단계에는 도달할 수 없다는 것. 둘째, 금단 만드는 법을 터득하기 위해서는 훌륭한 스승 밑에서 온갖 시련을 견디며 수행을 쌓아야 한다는 것. 셋째, 수행을 쌓아도 누구나 금단을 얻어 승천할 수 있는 것은 아니며, 선인은 세 등급으로 분류된다는 것. 보기 좋게 승천하는 '천선'(天仙), 승천할 수는 없지만 수백 년이나 지상에서 살아가는 '지선'(地仙), 일단 가사 상태에 빠졌다가 되살아나는 '시해선'(尸解仙)이 그것이다.

이 가운데 '지선'에는 금단 제조법을 이미 터득했는데도 일부러 분량을 줄여 복용하여 의식적으로 지상에 계속 머물러 있는 선인도 포함된다. 선계에도 지상 세계와 마찬가지로 관료적인 계급제도가 엄연히 존재하기 때문에, 승천해도 신참 선인은 선배 선인들에게 봉사해야 하니까 귀찮아서 견딜 수 없다는 것이 그 이유다. 상당히 핵심을 찌른 재미있는 견해이기는 하다.

어쨌든 『포박자』는 이렇게 금단 복용을 가장 중점적인 항목으로 다루면서 불사와 장생을 명확히 구별한 것을 비롯하여, 선인 이론을 질서정연하게 체계화한 전대미문의 재미있는 저서다. 또한 이를 바탕으로 쓴 『신선전』은 앞에서 말한 좌자와 갈현을 포함하여 90여 명에 이르는 선인들의 전기를 담은 책인데, 자세하기 이를 데 없는 그 묘사는 흥취에 넘치고 거의 기상천외한 괴기소설집 같은 분위기를 띠고 있다.

세월은 흘러 어느덧 동진의 제3대 황제인 성제(325~342년 재위)의 시대에 접어들었다. 함화(咸和) 원년(326년)에 마흔네 살이 된 갈홍은 동진 왕조의 실력자 왕도의 요청을 받고 관직에 발을 들여놓았다. 이때의 갈홍은 아마 염원하던 저술을 완성했다는 해방감도 느끼고 있었을 것이다. 그로부터 약 10년 동안 여러 관직을 역임하고, 이윽고 산기상시(散騎常侍)와 영대저작(領大著作)에 추천된다. 영대저작은 국사 편찬을 책임지는 요직이다. 추천한 사람은 왕도와 밀접한 관계에 있고 갈홍과도 친했던 사관(史官: 역사 편찬관) 간보(干寶)였다. 간보는 괴이한 이야기를 모은 지괴소설집(志怪小說集)『수신기』(搜神記)의 저자다.

하지만 갈홍은 더 이상 바랄 수도 없을 만큼 좋은 이 관직을 깨끗이 거절하고, 오히려 변경인 교지(交阯: 베트남)의 구루현(句屚縣) 지사로 부임하고 싶다고 청원했다. 그곳에서 금단의 원료가 되는 단(丹)을 구할 수 있다는 말을 들었기 때문이다. 처음에는 주저하던 성제한테서 드디어 허락이 떨어지자, 갈홍은 아들과 조카를 데리고 구루현으로 떠난다. 이 여행은 여러 사료를 대조해보면 함강(咸康) 2년(336년), 갈홍이 쉰네 살 때 감행된 것으로 여겨진다.

그렇다 해도 갈홍이 이처럼 고집스럽게 동진 정권의 중추에 관여하기를 꺼린 것은 무엇 때문일까. 신선도를 끝까지 추구하고 싶은 마음도 물론 강했겠지만, 강남 토착 호족의 일원인 갈홍에게는 동진 왕조에 대한 뿌리 깊은 반감도 있었던 것 같다.

당초 강남의 토착 호족은 거듭되는 반란을 진압하는 등, 화북에서 피난해온 망명 왕조 동진을 성립시키는 데 크게 이바지했다. 그런데 동진 정권의 기반이 다져질수록 북쪽에서 내려온 귀족들이 권력의 중추부를 독차지하고, 토착 호족들을 노골적으로 업신여기기 시작했다. 이런 상황에서, 갈홍도 참가한 석빙 토벌전 당시 강남 토착 호족의 연합군을 이끈 주기가 동진의 방식에 강한 불만을 품고 쿠데타를 모의하다가 사전에 발각되어 목숨을 잃는 사건이 일어난다. 주기 일족은 그후에도 계속 동진 왕조와 대립하지만 결국 분쇄되어버린다. 이처럼 토착 호족을 실컷 이용해놓고 헌신짝처럼 내버린 동진 왕조의 방식에 갈홍이 좋은 감정을 품지 않은 것은 오히려 당연하다고 말할 수 있을 것이다.

그런데 모든 것을 버리고 구루현으로 떠난 갈홍 일행은 광주까지 왔을 때 유감스럽게도 발이 묶여버렸다. 구루현을 관할하는 광주 자사 등악(鄧岳)이 갈홍을 염려하여 부임을 허락하지 않았기 때문이다. 어쩔 수 없이 광주에 머물게 된 갈홍은 그곳의 나부산(羅浮山)에 거처를 정하고, 저술과 '연단'(煉丹: 금단 제조)에 몰두하는 유유자적한 생활을 시작했다.

그렇게 몇 년이 지난 건원(建元) 원년(343년), 갈홍은 나부산 속에서 잠자듯 생애를 마친다. 당시 나이 61세(갈홍이 몇 살에 죽었는지에 대해서는 여러 가지 설이 있지만, 61세라는 주장이 가장 타당하게 여겨진다). 소식을 듣고 달려온 광주 자사 등악이 보니, 갈홍의 시신은 안색도 좋고 몸도 유연해서 마치 살아 있는 것 같았다. 시신을 담은 관을 들어올리자 가볍게 번쩍 들렸기 때문에, 갈홍은 '시해선'이 되었다는 소문이 퍼졌다고 한다. 시해선이란 앞에서도 말했듯이 가사 상태에 빠졌다가 되살아나는 선인을 가리킨다.

서진에서 동진으로 넘어가는 격동기를 살았던 갈홍은 덧없는 현실의 지평을 넘어 영원한 생명을 얻기 위해 신선 사상을 이론화하고 실천하는 데 평생을 바쳤다. 이 선인 은자 갈홍의 존재와 사상은 후세의 중국 도교에 헤아릴 수 없을 만큼 깊은 영향을 주었다.

# 6 도연명
전원 시인의 가난과 자족의 삶

은둔 시인 · 전원 시인의 대표로 여겨지는 도연명(陶淵明: 365~427년)은 동진(317~420년)의 흥녕(興寧) 3년(365년)에 태어났다(도연명이 태어난 해에 대해서는 여러 가지 설이 있지만, 여기서는 정사인『송서宋書』의「도연명전」의 기술에 따른다).

도연명 자신은 일개 농부 같은 생활을 했지만, 그의 증조부인 도간(陶侃: 259~334년)은 동진 초기의 거물이었다. 동진은 북방 이민족에게 쫓겨 화북에서 강남으로 달아난 귀족들이 세운 왕조여서, 강남 토착민은 그들에게 무시당하고 이용 가치가 없어지면 헌신짝처럼 버림받는 게 고작이었다.

하지만 도간은 강남 출신인데도(남방의 소수민족 출신이라는 설도 있다) 북쪽에서 내려온 귀족층을 압도하는 강력한 군사력을 거느리고 정서대장군(征西大將軍)과 형주(荊州) 자사 같은 요직을 역임하면서 왕도나 치감과 어깨를 나란히 하는 동진 초기의 세 거두 가운데 하나가 되었다. 세 거두는 역할을 분담하여, 노련한 대정치가 왕도가 행정을 맡고, 수도 건강을 포함한 장강 하류 유역을 수비하는 '북부군단'(北府軍團) 사령관 치감과 장강 중류 유역을 수비하는 '서부군단' 사령관 도간이 군사를 담당했다.

도간은 강남 출신으로는 이례적인 출세를 한 셈이지만, 현실주의자에다 극단적인 검약을 실천하는 등, 북쪽에서 내려온 화려한 귀족들과는 역시 이질적인 기질을 갖고 있었다. 이 때문에 동진 귀족 사회에서 마지막까지 이단자 취급을 받았지만, 평생을 검소하게 산 덕에 만년에는 황제를 능가할 정도의 재산가가 되었다고 한다.

그런데 이 많은 재산이 다 어디로 갔는지, 도간의 증손자 도연명은 가난과 인연이 끊이지 않는 생애를 보냈다. 극적인 출세를 이루었다고는 하지만 잔다리를 밟아 출세한 군인이었던 도간의 영광은 그의 당대에서 끝나고, 도연명의 할아버지와 아버지 대에는 무위도식으로 도간의 유산을 탕진하면서 영락의 길을 걸었을 것이다.

도연명은 증조부 도간과 인연이 깊은 심양군(潯陽郡) 시상현 (柴桑縣: 오늘날 장시성 주장시)에서 태어나, 소년 시절부터 농경과 독서에 몰두하는 나날을 보냈다. 29세 때인 태원(太元) 18년 (393년)에 처음으로 벼슬길에 올라 강주(심양)의 제주(祭酒: 교육행정관)가 되었다. 하찮은 지방관이다. 본의 아니게 벼슬아치가 된 것은 물론 생계 때문이었다(당시 그는 이미 결혼하여 자식까지 낳았다). 훗날 연작시 「음주(飮酒) 20수」의 제19편에서 그는 처음 벼슬길에 오른 자초지종을 이렇게 노래하고 있다.


전에는 줄곧 굶주림에 시달렸기에

쟁기를 내던지고 벼슬자리에 나섰다.

그래도 가족을 부양하지 못했고

노상 추위와 굶주림에 얽매였다.

그때 나이 서른을 바라보았고

뜻과 마음에 부끄러운 바가 많았다.

마침내 나의 본분을 다하고자

옷 털고 시골로 돌아왔다.

(이하 생략)


생활을 위해 벼슬길에 올랐지만 형편은 전혀 나아지지 않고, '본분'을 다하기 위해 귀향했다는 것이다. '본분'이란 명예나 이익을 바라지 않고 속세를 떠나 은둔하면서 자족하는 나날을 보내는 것을 가리킨다. 사실 도연명은 처음 벼슬길에 오르기 조금 전에 「오류 선생전」(五柳先生傳)이라는 허구적인 자서전을 써서, 이렇게 살고 싶다는 소망을 표현했다.


선생은 어디 사람인지 모른다. 본명도 확실치 않다. 집 옆에 버드나무가 다섯 그루 있기 때문에 '오류 선생'이라고 자칭하고 있다. 조용하고 과묵하며 명예나 부를 추구하지 않는다. 독서는 좋아하지만 철저히 이해하려고는 생각지 않는다. 다만 제 기분에 딱 들어맞는 부분이 있으면 기뻐서 견디지 못하고, 밥먹는 것조차 잊어버린다. 타고난 술꾼이지만, 가난해서 늘 술을 마실 수 있는 것도 아니다.

독서는 좋아하지만 찬합 구석을 이쑤시개로 후비듯 자세하게 읽고 싶지는 않다는 것이니까, 꽤 어기차고 굳센 선생이다. 오류 선생처럼 유유자적하게 살고 싶어서 최초의 관직을 내던지고 귀향했지만, 생활의 어려움은 어떻게 할 도리가 없다. 그래서 마흔두 살 때 "이제 돌아가리라" 하고 본격적으로 은둔할 때까지 도연명은 다시 10여 년 동안 벼슬아치 노릇과 귀향을 되풀이하게 된다.

도연명이 불안정한 나날을 보내고 있을 무렵 동진 왕조도 말기 증상을 드러내기 시작했다. 태원 10년(385년)에 동진 중기의 거물인 사안(謝安)이 죽은 뒤 실권을 장악한 것은 효무제(孝武帝: 372~396년 재위)의 동생 사마도자(司馬道子)였다. 사마도자는 권력을 남용하여 방자하게 굴고, 그 부패상은 눈꼴사나워서 도저히 참고 봐줄 수가 없을 정도였다. 이 경향은 태원 21년(396년)에 효무제가 변사하고 백치 같은 안제(安帝)가 즉위하자 더욱 심해진다.

당시 수도를 지키고 있던 북부군단 사령관 왕공(王恭)은 이 사태를 묵과할 수 없어서, 융안(隆安) 원년(397년)과 2년(398년)에 사마도자 일당 타도를 구호로 내걸고 군사를 일으켰다. 서부

도연명(陶淵明)

군단 사령관 은중감(殷仲堪)과 일찍이 동진을 거의 찬탈할 뻔했
던 환온의 아들 환현(桓玄)도 이에 호응하여 군사를 일으켰다.
하지만 왕공은 동진 쪽으로 돌아선 부하 유뢰지(劉牢之)에게 패
하여 전사하고 은중감은 환현의 손에 죽어, 반란군 쪽의 세력
분포가 크게 달라진다. 이 시점에서 환현도 일단 동진 정권과
화해하고 창을 거둔다.

  그럭저럭하는 동안, 융안 3년(399년)에 도교 일파인 오두미도
(五斗米道)를 신봉하는 손은(孫恩)이 난을 일으켰다. 손은은 정
부의 실정에 신음하는 민중의 지지를 얻어, 눈 깜짝할 사이에
동진의 동남부를 석권했다. 당황한 동진 정권 수뇌부는 왕공의
후임으로 북부군단 사령관이 된 유뢰지를 파견했다. 유뢰지는
북부군단을 지휘하여 반란군과 격전을 벌인 끝에 원흥(元興) 원

년(402년)에야 겨우 '손은의 난'을 진압했다.

한편 도연명은 서른다섯 살 때인 융안 3년 무렵에 두번째로 벼슬길에 올라, 북부군단 사령관 유뢰지의 참모로 손은 토벌전에 참가한 모양이다. 이때의 동료들 가운데 유유(劉裕: 356~422년)라는 인물이 있었다. 유유는 이윽고 군사적 재능을 발휘하여 눈에 띄게 두각을 나타낸다. 자세한 것은 알 수 없지만, 그후 도연명은 서부군단을 장악한 환현의 휘하에 들어간 것으로 여겨진다. 증조부 도간이 창설한 서부군단에 말직을 얻어 몸을 의탁하는 처지가 되었으니, 도연명도 정신적 부담과 굴욕감을 느끼지 않을 수 없었을 것이다.

그 때문인지 아닌지는 모르지만, 도연명이 서부군단에서 일한 기간은 비교적 짧다. 융안 5년(401년)에 도연명은 환현의 부하 노릇을 그만두고 귀향했다. 일설에 따르면, 이 해에 어머니가 세상을 떠났기 때문에 상을 입기 위해 관직을 그만두었다고 한다. 어쨌든 그후 3, 4년 동안 도연명이 다시 취직한 흔적은 없다. 하지만 시대 상황은 무서운 기세로 변화했다.

원흥 원년(402년)에 손은의 난이 진압된 직후, 환현은 서부군단을 이끌고 장강을 내려와 수도 건강을 제압하고 사마도자와 북부군단 사령관 유뢰지를 죽인다. 이듬해인 원흥 2년(403년)에 환현은 안제를 퇴위시키고 스스로 황제가 되지만 그 천하는 겨우 100일밖에 지속되지 않았다. 도연명의 옛 동료인 유유가 북부군단을 이끌고 쿠데타를 일으켜 환현을 쫓아내고 살해한 것이다. 유유는 안제를 복위시키지만, 그후 주도면밀하게 동진 왕조를 찬탈할 준비를 진행한다.

떠오르는 해와 같은 기세인 유유와는 대조적으로 도연명은 의희(義熙) 원년(405년)에 또다시 생활고에 쫓겨 벼슬길에 올라, 고향 심양과 가까운 팽택현(彭澤縣: 오늘날 장시성 후커우현 동쪽)의 영(令: 지사)으로 부임했다. 하지만 부임한 지 겨우 석 달 만에 벌써 싫증이 나서 야반도주하듯 사직하고 귀향했다. 당시 그의 나이 마흔한 살. 이때 도연명은 독우(督郵: 군郡에서 파견한 감독관. 군은 현 위에 있는 행정 단위)의 오만한 태도에 화가 나서, "겨우 쌀 닷 말 때문에 하찮은 시골 관리한테 굽실거릴 수는 없다"고 거침없이 말하고는 팽택현을 떠났다고 한다.

너무나도 유명한 「귀거래사」(歸去來辭)는 그 이듬해에 지은 작품이다. 60구에 이르는 장편시니까, 여기서는 주요 부분만 소개하고자 한다. 우선 첫 머리의 4구.

돌아가련다.
논밭이 묵으려 하는데 어찌 돌아가지 않으리.
이미 스스로 마음이 몸의 부림을 받았으니
어찌 근심에 홀로 슬퍼하고 있으랴.

이렇게 귀로에 올라 집 가까이 오자, 다음과 같이 노래한다.

어느덧 이르러 집이 보이니
기쁜 마음에 달려가네.

사내종이 나와 반가이 맞이하고
어린 자식들은 문 앞에 기다려 서 있네.
세 갈래 오솔길은 잡초에 파묻혔어도
소나무와 국화는 그대로 남아 있네.
어린 아들 손을 잡고 방으로 들어서니
항아리 가득 술이 나를 반기네.
술병과 술잔을 끌어당겨 혼자 마시고
뜰의 나무를 바라보며 미소를 짓네.

어린 자식들에게 둘러싸여 좋아하는 소나무와 국화를 바라보면서 손수 술을 따라 마시는 자족감. 이 충일한 행복감은 무엇과도 바꿀 수 없다. 도연명에게는 아들이 다섯 있었는데 모두 하나같이 됨됨이가 시원찮아서, 도연명은 「자식을 나무란다」는 시에서 "아들이 다섯이지만 모두 공부를 싫어한다"고 불평하고 있다.

어쨌거나 사직하고 집으로 돌아온 도연명은 무엇을 보아도 그저 반갑고 기쁠 따름이다. 아무리 가난해도 골치아픈 벼슬살이는 이제 질색이다. 이 평온한 기쁨으로 충만한 생활을 지속시키는 것이야말로 내가 택해야 할 길이다. 도연명은 그렇게 은둔 생활을 하겠다는 결의를 밝히기에 이른다.

돌아가련다.
사귐도 그만두고 교유도 끊으리.

세상과 나는 어긋나기만 하니
다시 수레를 타고 무엇을 구하리.
친척의 정다운 이야기를 기뻐하고
거문고와 책으로 시름을 삭이리라.

「귀거래사」에서 밝힌 대로 도연명은 그후 죽을 때까지 20여 년 동안 맑은 날에는 밭을 갈고 비오는 날에는 글을 읽는 청경우독(晴耕雨讀)으로 가난과 싸우면서 단호하면서도 즐겁게 고향에서 은둔 생활을 계속했다.

한편 도연명이 버린 세상은 그후에도 격변을 거듭하여, 영초(永初) 원년(420년)에 오랫동안 찬탈을 준비해온 유유가 동진을 멸하고 즉위하여 송(宋) 왕조를 세우니 그가 바로 무제(武帝)다. 이 송나라를 유유의 성을 붙여서 유송(劉宋)이라고 부른다. 도연명이 팽택현 현령을 그만두고 은둔한 지 15년 뒤의 일이었다.

도연명은 옛 동료인 유유가 세운 송 왕조에 강한 반감을 품고, 자신의 저술에 절대로 송의 연호를 사용하지 않았다. 그의 증조부 도간은 동진 귀족 사회의 기풍에 끝내 동화되지 못했다고는 하지만 동진 왕조 수립에 큰공을 세운 확고부동한 공신이었다. 그 빛나는 혈통을 이어받은 증손자 도연명은 하다못해 동진을 멸한 유유의 연호를 무시하는 것으로나마 저항의 의지를 표시했는지도 모른다.

도연명은 중국 신화를 곳곳에 아로새긴 고대 지리서 『산해경』(山海經)을 무척 좋아해서 「산해경을 읽고」라는 연작시를 썼

형천(刑天)

는데, 다음에 인용하는 제10수에서는 『산해경』에 등장하는 불굴의 괴물 형천(刑天)을 다루고 있다. 형천은 천제와 싸우다가 목이 잘리지만, 젖을 눈으로 바꾸고 배꼽을 입으로 바꾸어 태세를 바로잡고는 방패와 도끼를 들고 계속 싸웠다고 한다.

형천은 방패와 도끼를 손에 들고 죽어서도 계속 춤을 추면서
격렬한 감정을 끝내 버리지 않았다.
괴이한 꼴로 변했어도 전혀 개의치 않고
육신이 사라져도 후회하지 않는다.
오로지 옛날의 복수심을 계속 품을 뿐이다.
설령 눈부신 내일 따위는 오지 않는다 해도.

루쉰(魯迅)은 이 시에 주목하여, 물러서지 않고 싸움을 계속하는 형천에게 공감하는 도연명 자신도 태연한 은자의 태도 뒤에 격렬한 파토스를 감춘 인물이었다고 말한다. 내 사견에 따르면, 자기 뜻에 맞지 않는 세상에 등을 돌리고 특히 유유의 송 왕조가 성립된 뒤에는 그 연호 사용을 거부하는 등, 속세의 시간을 초월한 은자로서 살려고 하는 도연명의 자세 자체가 강렬한 저항의 파토스에 뒷받침되고 있는 듯하다.

강렬한 반시대적 지향으로 속세를 떠나 전원 생활 속에서 향기로운 국화를 즐기고 술을 사랑하고 시를 쓴 은둔 시인 도연명. 얼핏 평화롭고 조용한 은둔 생활을 담담하게 노래한 듯이 보이는 그의 시가 시대를 초월하여 사람들의 마음을 흔드는 것은 아마도 그 은둔을 지탱하는 불굴의 파토스 때문일 것이다. 그의 시편 가운데 가장 많이 사람들 입에 오르내리는 「음주 20수」의 제5편은 이렇게 노래하고 있다.


마을 안에 오두막을 지어 살고 있건만
시끄러운 마차 소리 하나 없구나.
그게 어찌 가능하냐고 물어본다면,
마음을 멀리 두니 몸 있는 곳 절로 한적하네.
동쪽 울타리 밑에 핀 국화꽃을 꺾어 들고
멍하니 남산을 바라보니
산 기운은 해질녘에 더욱 아름답고
날던 새들도 짝을 지어 둥지로 돌아오네.

이런 생활 속에 진리가 있으려니
말로는 도저히 표현할 수 없구나.

  파토스를 감춘 은둔 시인 도연명은 '멍하니 남산을 바라보면서' 일개 농부로 만년을 보내고, 원가(元嘉) 4년(427년)에 예순세 살의 나이로 세상을 떠났다. 어떤 의미에서는 그의 숙적이었던 유유가 죽은 지 5년 뒤의 일이다. 유유가 세운 송 왕조는 겨우 60년 만에 멸망했다(479년). 도연명의 시는 그가 살아 있는 동안에는 전혀 주목받지 못했지만, 세월의 흐름과 함께 평가가 계속 높아져, 21세기를 맞은 오늘날까지도 널리 읽히고 있다. 목이 잘린 뒤에도 계속 싸운 형천이 무색할 정도로 도연명은 시간을 초월하여 사람들의 마음속에 계속 살아 있는 불멸의 은자라고 말할 수 있을 것이다.

# 7 이백

인간계로 귀양온 천재의 '성聖과 속俗'

당나라 전성기의 대시인 이백(李白: 701~762년)은 전설의 인물이다. 우선 출생에 대한 전설이 있다. 어머니가 그를 낳기 직전에 저녁의 금성(태백성) 꿈을 꾸었기 때문에 아들의 본명을 백(白), 자를 태백(太白)이라 지었다고 한다. 출신에 대해서도 여러 설이 분분하고, 한족이 아니라 이민족 출신이라는 설도 있다.

이런 전설이 퍼지는 것도 당연하다. 그의 집안은 아주 극적인 내력을 갖고 있었기 때문이다. 『신당서』(新唐書) 등에 따르면, 이백의 먼 조상은 수나라 말기(7세기 초)에 서역으로 유배되어 약 100년 뒤인 신룡(神龍) 연간(705~707년)에 이백의 아버지 대에 이르러서야 겨우 사천(四川: 촉)의 파서군(巴西郡)으로 도망쳐 돌아왔다고 한다. 서역에 연줄이 있어서 국제 무역에 유리했기 때문인지, 이백의 아버지는 파서군으로 이주한 뒤 대상인이 되어 큰 재산을 모았다.

덕택에 이백은 혜택받은 소년 시절을 보냈다. 『시경』과 『서경』을 비롯한 많은 책을 읽어 교양을 쌓고, 15세 때부터 시문 창작에도 놀라운 재능을 발휘했다. 한편 소싯적부터 검술을 좋아하고 협객을 동경하여, 호기롭게 돈을 뿌리는 낭비를 되풀이한다. 화려한 것을 좋아하고 행실에 문제가 있다고는 하지만, 이만큼 뛰어난 학식과 문학적 재능이 있으면 과거에 급제하여 고급 관료가 되는 것도 그리 어려운 일은 아니었을 것이다. 하지만 그에게는 그럴 수 없는 사정이 있었다.

송나라 이후의 과거제와는 달리, 당나라 때의 과거는 아직 제도적으로 정비되지 않아서 '사농공상'(士農工商) 가운데 '공'과 '상'에 속하는 계층은 아예 시험을 볼 수 없도록 규정되어 있었다. 따라서 대상인의 아들이라고는 하지만 이백은 처음부터 과거에 응시할 자격이 없었던 것이다. 이렇게 정규 코스로 세상에 나갈 수 없었던 것이 좋든 나쁘든 이백의 생애에 큰 영향을 주었다.

이백이 태어난 것은 중국 역사상 유일한 여제인 측천무후(則天武后: 690~705년 재위)가 제위에 앉아 있을 때였다. 이백이 다섯 살 때인 신룡 원년(705년), 궁정 쿠데타가 일어나 노령의 측천무후는 퇴위당하고(곧이어 사망), 일단 멸망했던 당 왕조가 부활한다. 그후 한동안 궁정 안에서는 격렬한 주도권 다툼이 계속되지만, 이백이 열두 살 때인 선천(先天) 원년(712년)에 측천무후의 손자인 현종(玄宗)이 경쟁자를 타도하고 즉위하여(756

년까지 재위) 기울어져 가던 당 왕조의 기둥을 다시 세우고 번영의 시대를 가져온다.

현종의 등장으로 시대는 상승 기류에 올라탔지만, 세상에 나갈 길이 막힌 이백은 10대 후반부터 20대 전반까지 고향 사천에서 방황의 나날을 보낸다. 평생 동안 계속된 이백의 방랑벽이 이때 처음으로 분출한 것이다. 명승지를 구경하고 다니다가 싫증이 나면 산 속으로 들어가는 것이 이 무렵 그의 방랑 스타일이었다.

사천의 산에는 도교 성지가 많아서, 속세를 버리고 자연이나 우주와 일체화되기 위해 수행을 쌓는 도사들이 많이 살고 있었다. 이백은 이들을 찾아 자주 산 속에 들어갔고, 결국 21세 때부터 23세 때까지 은자(도사)인 동엄자(東嚴子)와 함께 사천의 민산(岷山)에서 은둔 생활을 하기에 이르렀다. 이때는 천 마리나 되는 작은 새들이 그의 주위에 모여들었고, 부르면 기쁜 듯이 날아와 손바닥에 올려놓은 모이를 쪼아먹었다고 한다. 그야말로 새와 함께 사는 선인이다.

그대로 계속 산에서 살았다면 이백은 정말로 선인 은자가 되었을지도 모른다. 하지만 이윽고 하산한 그는 고향 사천을 떠나 각지를 정처없이 떠돌아다니는 방랑길에 오른다. 때는 개원(開元) 12년(724년), 이백의 나이 24세. 정처없이 떠돌아다닌다고는 하지만, 그 주요 목적은 세상에 나가기 위해 과거 이외의 출셋길을 모색하는 데 있었다. 강렬한 도가적 은둔 지향과 어떻게든 세상에 나가고 싶다는 강렬한 출세 지향. 이백은 평생 이 양극 사이를 오간 사람이었다.

그후 3년에 걸쳐 이백은 강릉(江陵)·여산(廬山)·금릉(金陵: 난징시)·양주(揚州) 등 강남 각지를 돌아다니며 협객이나 도사에서부터 지방장관에 이르기까지 다양한 사람을 만나고 관광과 유람에 몰두하는 한편, '출세'의 발판을 찾았다. 고향을 떠날 때 이백은 아버지한테서 많은 자금을 받은 모양이지만, 개원 14년 (726년)에 번화한 양주에 와서 1년도 채 지나기 전에 무려 30만 냥을 다 써버리고 당장 빈털터리가 되어버린다.

이렇게 비싼 수업료를 치르긴 했지만, 이 최초의 강남 편력은 이백의 시야를 넓히는 데 큰 도움이 되었다. 특히 무일푼이 되어 양주에서 안륙(安陸: 후베이성)으로 옮겼을 무렵, "봄밤에 깊이 잠들어 날샌 줄도 몰랐다"(春眠不覺曉)는 구절로 유명한 「춘효」(春曉)라는 시를 지은 선배 시인 맹호연(孟浩然: 689~740년)을 만나 친교를 맺은 것은 가장 큰 수확이었다. 만나면 언젠가는 이별하게 마련, 다음에 인용한 「황학루에서 광릉 가는 맹호연을 보내며」라는 시는 이백이 떠나온 광릉(양주)으로 가는 맹호연을 황학루에서 배웅했을 때 지은 작품이다. 황학루는 무창(武昌: 후베이성) 서남쪽, 장강 연안에 있었던 누각이다.


그대는 서쪽 황학루를 떠나
아지랑이 피는 3월 양주로 가는구나.
외로운 돛배 아득하게 창공에 사라지니
하늘가로 흘러가는 강물만 굽이치네.

李白

酒中之仙詩中之聖
經濟有才束釣無命

이백(李白)

이 칠언절구는 참으로 웅장하고 역동적이어서, 이백이 자연이나 풍경을 노래할 때의 특징이 벌써 뚜렷이 드러나 있다.

맹호연이 떠난 뒤에도 이백은 계속 안륙에 머물다가 개원 15년(727년)에 이곳에 사는 전 재상 허어사(許圉師)의 손녀와 결혼했다. 당시 그의 나이 27세. 허어사는 50년 전에 죽었지만 허씨 집안은 지방 명문이었다. 이백은 사천의 아버지한테서 계속 경제적인 도움을 받아, 아버지의 재력을 배경으로 허씨 집안의 사위가 된 듯하다. 그는 이를 발판으로 중앙 정계에 진출하려 한 모양이지만, 허씨 집안의 영광은 이미 과거의 것이어서 그의 기대는 결국 어그러졌다.

그리하여 이백은 개원 28년(740년)에 아내 허씨가 죽을 때까지 안륙을 거점으로 삼아 또다시 편력의 세월을 보낸다. 이번 편력은 스케일이 더욱 커져서, 조정에 추천받을 기회를 얻기 위해 수도 장안을 찾은 것을 비롯하여 북방 각지를 돌아다녔다. 다음에 인용한 「길손의 노래」(客中行)라는 시에는 취직 운동을 위해 여행을 하면서도 편력 자체를 즐기는 이백의 모습이 생생하게 묘사되어 있다.


울금향 풍기는 난릉의 미주
옥잔에 채우니 호박빛 도네.
주인 덕에 길손이 취할 수만 있다면
타향이 어디이건 알 바 없으리.

실컷 취할 수만 있다면 그곳이 타향인들 무슨 상관이랴. 정말 태평스럽다.

하지만 그가 이처럼 고주망태가 되어 편력하는 동안 집을 지킨 아내 허씨가 개원 28년에 젊은 나이로 세상을 떠나자 이백도 충격을 받고 심경 변화를 일으킨다. 그래서 허씨와의 사이에 태어난 두 아이를 데리고 산동(山東)으로 이주하여, 그때까지의 방랑 생활과는 정반대로 은둔 생활을 지향하기에 이른다. 한준(韓準)·배정(裴政)·공소부(孔巢父)·장숙명(張叔明)·도면(陶沔) 등 자신과 같은 취향을 가진 선비들과 함께 조래산(祖徠山: 산동성)에 은둔하여, 술과 음악을 즐기는 나날을 보낸다. '죽림 칠현'이 아닌 '죽계 육일'(竹溪六逸)이라고 불린 것도 이 무렵의 일이다.

그래도 방랑벽은 사라지지 않아서, 천보(天寶) 원년(742년)에 이백은 두 아이를 친지에게 맡기고 남쪽의 월(越: 저장성)로 가서 도사 오균(吳筠)을 찾아간다. 이것은 취직 운동과는 무관한 여행이었지만, 뜻밖에도 이 여행을 통해 이백은 오랫동안 기다리던 출세의 기회를 잡는다. 도사 오균이 현종의 부름을 받고 장안에 가서 이백을 추천했더니, 현종이 흥미를 갖고 이백을 부른 것이다.

천보 원년 가을, 장안에 도착한 이백을 후원해준 것은 태자 빈객(賓客)의 지위에 있었던 시인 하지장(賀知章)이었다. 하지장은 이백을 처음 본 순간 '적선인'(謫仙人: 천상에서 인간계로 내려온 선인)이라 감탄하고 당장 현종에게 추천해주었다. 현종도 이백이 마음에 들어, 한림원 대조(待詔)라는 관직을 주고 측근에 두었다. 당시 이백의 나이 마흔둘이었다.

이 무렵 현종의 아들 수왕(壽王) 모(瑁)의 아내였던 양옥환(楊玉環: 나중에 양귀비)이 현종의 마음을 사로잡아, 궁정의 환락적 분위기는 날로 높아지고 있었다. 이 때문에 궁정의 어용 문인으로서 이백의 역할은 오로지 황제의 요구에 따라 시를 지어 현종과 양옥환의 환락에 꽃을 곁들이는 것이었다. 그것만으로도 넌더리가 나는데, 노령에 접어들어 정치에 염증이 난 현종의 주위를 둘러싸고 있는 것은 도무지 어떻게 할 도리가 없는 교활한 소인배뿐이다. 정치적 포부를 품고 장안에 온 이백은 꿈이 깨지자, 하지장 등과 함께 술에 젖어 세월을 보내게 된다. 나중에 두보(杜甫)는 「음중팔선가」(飮中八仙歌)라는 시에서 이 무렵 이백의 모습을 이렇게 묘사하고 있다.

이백은 한 말 술에 백 편 시를 짓고
장안 시내 술집에서 잠자고
천자가 불러도 배에 오르지 않고
신은 주중신선이라고 자칭하네.

술김에 현종의 신임이 두터운 환관 고력사(高力士)에게 자기가 신고 있는 신발을 벗기게 하는 등, '주중신선' 이백의 방약무인한 광태는 날이 갈수록 심해질 뿐이었다. 화가 난 고력사는 양옥환을 부추겨 이백을 배척할 음모를 꾸민다. 이때 구실로 삼

은 것은 이백이 현종의 명령으로 양옥환의 미모를 찬양하여 쓴
「청평조사」(淸平調詞) 제2수였다.

> 한 송이 붉은 모란꽃에 이슬이 내려 향내 엉긴 듯
> 무산의 비구름을 생각하고 애를 끊는 것은 부질없는 짓
> 묻노니 한나라 궁중의 누구와 닮았다 하랴
> 어여쁜 비연이 새단장하고 나서면 혹시 모르리.

이백은 이렇게 양옥환 당신을 전한 말기에 나라를 망친 미녀
조비연(趙飛燕)에 비겨서 비난하고 있다. 고력사가 이런 중상모
략으로 양옥환을 부추기자, 양옥환은 이백에 대한 미움이 더욱
강해졌고, 급기야 현종까지 이백을 홀대하게 된다. 이리하여 이
백은 점점 궁중에서 고립되어 궁지에 몰린다. 「월하독작」(月下
獨酌) 제1수는 그런 시기에 지은 작품이다.

> 꽃 속에 술단지 마주 놓고
> 짝도 없이 홀로 술잔 드네.
> 잔 들어 밝은 달님을 맞이하니
> 그림자까지 모두 셋이로구나.
> 달님은 본시 술을 못하고
> 그림자는 건성으로 나를 따라다니지만
> 잠시나마 달님과 그림자를 벗삼아
> 이 봄밤을 즐기리라.

내가 노래하면 달님은 서성대고

내가 춤추면 그림자는 흔들거리네.

취하기 전에는 함께 어울려 놀고

취해서는 각자 흩어져 간다.

담담한 우리의 우정

다음에는 은하 저쪽에서 만날까.


　달과 그림자를 벗삼아 술을 마시는 이백. 이백은 달을 좋아했고 달을 노래한 작품을 수없이 지었지만, 특히 이 작품은 궁중에서 점점 고립되어 오로지 달과 즐거움을 나누는 그의 모습을 선명하게 부각시킨 걸작이다.

　얼마 후(천보 3년 봄) 이백은 궁정 생활을 단념하고 사직원을 낸 뒤 장안을 떠난다. 당시 그의 나이 마흔넷. 결국 이백이 현종을 모신 것은 1년 몇 개월뿐이었다.

　장안을 떠난 이백은 천보 3년(744년) 겨울에 제남(濟南: 산둥성)의 도관(道觀: 도교 사원)에서 도적(道籍)에 들어가 마음에 결말을 짓고 또다시 방랑과 편력의 생활로 돌아갔다. 그후 점점 도교로 마음이 기울어지면서 천보 14년(755년)에 안녹산(安祿山)의 난이 일어날 때까지 11년 동안 산둥 지방과 양주·금릉·회계(저장성)·선성(宣城: 안후이성) 등 강남 각지를 편력했다.

　이 편력에는 각지의 도관을 찾아 산 속 풍경이나 자연을 즐기는 한편, 유력자를 찾아가 그의 천거를 통해 장안의 조정에 복귀하려는 목적도 있었다. 하지만 세월은 헛되이 흘러 이백은 노경에 접어든다. 장안을 떠난 지 10년 뒤인 천보 13년(754년)의 작품으로 여겨지는 「추포가」(秋浦歌) 제15수에는 늙음을 자각한 이백의 놀라움이 솔직히 표현되어 있다.

> 백발 삼천 장은
> 시름 따라 자랐건만
> 거울 속의 노쇠한 몰골은
> 어디서 서리를 맞았는고.

이백은 여기서 '백발 삼천 장'이라는 과장된 표현을 사용하여 자신에게 찾아온 노년을 익살스럽게 묘사한다. 그는 본질적으로 양성(陽性)이어서, 아무리 괴로울 때라도 결코 심각하게 비장한 체하지 않는다.

그런 이백을 사랑하는 사람이 많아서, 편력 생활을 하는 동안 나중에 이백과 더불어 '이두'(李杜)라고 일컬어진 두보(712~770년)를 비롯하여 많은 친구를 얻었다. 또한 장안을 떠난 직후에 재혼한 종씨(宗氏)는 도교 신자였고, 이백의 동지이자 친구라 해도 좋은 존재였다. 이 종씨 부인은 측천무후 시대에 재상을 지내다가 실각한 종초객(宗楚客)의 딸이었다.

편력을 거듭하면서도 좋은 아내와 좋은 친구를 얻어 나름대로 평온했던 이백의 만년을 망친 것은 안녹산의 난이었다. 강력한 군사력을 기른 안녹산은 천보 14년(755년) 11월에 마침내 반란을 일으켜, 장안을 향해 성난 파도처럼 진격하기 시작한다.

이듬해 6월, 현종은 장안을 포기하고 촉을 향해 도망친다. 도중에 현종은 근위병의 강요에 못 이겨 양귀비를 죽이고 황태자(즉위한 뒤에는 숙종肅宗)에게 실권을 넘긴다.

이렇게 세상이 혼란에 빠져 있던 천보 15년(756년) 말, 여산(오늘날 장시성 주장시)에 있었던 이백은 군대를 이끌고 여산에 들어온 숙종의 동생 영왕(永王) 린(璘)의 요청을 받고 그의 참모가 되었다. 사실은 이 시점에서 이미 영왕 린은 숙종의 명을 어긴 혐의로 토벌 대상이 되어 있었지만, 이백은 저간의 사정을 전혀 알지 못했다.

그리하여 이듬해(757년) 2월에 영왕 린이 전사하자 이백은 체포되어 옥에 갇히고 말았다. 간신히 사형은 면했지만, 당시의 감각으로는 땅끝이라고 해야 할 야랑(夜郎: 오늘날 구이저우성)으로 귀양살이를 가게 되었다. 당 왕조의 위기를 구하고 싶다는 열정과 출세하고 싶다는 고질병 같은 소망, 이것이 뒤섞여 엉뚱한 목표를 향해 치닫다가 결국 비싼 대가를 치르게 되었다고 말할 수 있을 것이다.

하지만 다행히도 야랑으로 가는 길에 백제(白帝: 오늘날의 쓰촨성)까지 왔을 때 대사면이 내려졌다는 소식이 전해져, 이백은 기뻐 날뛰며 귀로에 오른다. 다음에 인용한 칠언절구 「아침에 백제성을 떠나다」(早發白帝城)는 이때 지은 작품이다.

빛깔 구름 낀 백제성을 이른 아침에 떠나
강릉 천릿길을 하루에 돌아오네.

강기슭 원숭이는 그침없이 울어대고

가벼운 쪽배 하나 만첩 청산 누볐구나.


　이백이 무죄 방면된 것은 건원(乾元) 2년(759년) 봄, 그의 나이 쉰아홉 살 때였다. 그후 이백은 또다시 강남 각지를 편력하지만, 3년 뒤인 보응(寶應) 원년(762년)에 후원자(친척이라고도 한다)인 당도현(當塗縣) 현령 이양빙(李陽冰)의 집에 머무는 동안 병으로 세상을 떠났다. 당시 그의 나이 예순둘. 이양빙은 빈사 상태의 이백이 맡긴 저술을 편찬하여 『초당집』(草堂集)이라고 제목을 붙였다고 한다(이 문집은 이미 산실되었다).

　이백이 죽은 상황에 대해서도 예로부터 전설이 퍼져 있다. 장강 남쪽 연안에 있는 채석기(采石磯: 오늘날 장쑤성 난징시 부근)에서 뱃놀이를 하던 이백이 술에 취해 강물에 뜬 달을 건지려다가 물에 빠져 죽었다는 전설이다. 달을 사랑하고 술을 사랑한 이백에게 어울리는 전설이다.

　태어났을 때부터 죽을 때까지 온갖 전설로 장식된 이백은 평생 동안 은둔하고 싶은 원망과 출세하고 싶은 원망의 양극 사이를 오락가락하고, 선계와 속계를 오락가락하면서 못다 이룬 꿈을 계속 추구했다. 마지막까지 깨달음을 얻지 못한 그는 인간적인, 너무나도 인간적인 유랑의 은자였다고 말할 수 있을 것이다.

# 8 임포
매화를 아내로, 학을 아들로, 사슴을 하인으로 삼다

임포(林逋: 967~1028년)는 북송 초기의 고명한 시인으로, 자(字)는 군복(君復)이라 한다. 병약한 탓도 있어서 평생 독신으로 지냈고, 중년 이후에는 고향 항주(杭州: 오늘날 저장성)의 서호(西湖) 기슭에 있는 외딴 산에 은둔하여 매화를 아내로, 학을 자식으로, 사슴을 하인으로 삼아 유유자적한 생활을 했다. 그의 은둔은 철저하기 이를 데 없어서, 산중에 틀어박힌 뒤에는 무려 20년 동안이나 마을에 발을 들여놓지 않았다고 한다.

이 독특한 은자 임포는 원래 당나라가 멸망한 뒤 흥망을 거듭한 5대10국(五代十國) 중 하나인 오월(吳越: 907~978년. 수도는 항주) 사람이었다. 할아버지는 오월의 통유원(通儒院) 학사였다니까, 전형적인 지식인 집안 출신이다.

앞장에서 다룬 이백(701~762년)이 죽은 뒤 임포가 태어날 때까지 약 200년 동안, 중국 역사는 큰 변화를 겪었다. 천보(天寶)

14년(755년)에 일어나 이백의 만년을 어둡게 만든 안녹산의 난은 안녹산이 죽은 뒤에도 끝나지 않고, 안녹산의 동지 사사명(史思明)이 반란을 이어받아 당 왕조를 극심하게 뒤흔들었다. 이 '안사(安史)의 난'은 9년 동안이나 지루하게 계속되다가 광덕(廣德) 원년(763년)에야 겨우 막을 내렸지만, 이를 고비로 당 왕조는 쇠망의 길을 걷게 된다.

궁정에서 맹위를 떨치는 환관, 관료들 사이에서 격화하는 파벌 싸움, 군벌화하는 절도사(지방의 군사 거점에 배치된 군정 장관)로 말미암아 중앙도 지방도 지리멸렬한 대혼란에 빠진 당 왕조에 결정적인 타격을 준 것은 건부(乾符) 2년(875년)에 일어난 '황소(黃巢)의 난'이었다.

소금 암거래상이었던 황소가 이끄는 반란군은 우여곡절 끝에 광명(廣明) 원년(880년)에 드디어 당나라 수도 장안을 제압하지만, 황소는 곧 부하인 주전충(朱全忠)에게 배신당하고 자살한다. 300년 가까이 지속된 대왕조 당을 멸한 것은 바로 이 주전충이었다.

천우(天祐) 4년(907년), 주전충은 당 왕조로부터 형식적인 양위를 받아서 제위에 올라 후량(後梁: 907~923년)을 세우고, 수도를 장안에서 자신의 근거지인 개봉(開封: 허난성)으로 옮겼다. 이를 시작으로 시대는 여러 왕조가 차례로 일어났다 사라지는 '5대10국'의 난세로 돌입한다.

약 60년에 이르는 난세에 중국 북부에서는 5대, 즉 후량·후당(後唐)·후진(後晉)·후한(後漢)·후주(後周)의 순서로 다섯 왕조가 어지럽게 흥망을 거듭했고, 중국 남부에서는 10국, 즉 오(吳) · 남당(南唐) · 전촉(前蜀) · 후촉(後蜀) · 남한(南漢) · 초(楚) · 오월(吳越) · 민(閩) · 남평(南平) · 북한(北漢) 10개 정권이 난립했다.

5대의 마지막 왕조인 후주의 장수였던 조광윤(趙匡胤: 송 태조. 960~976년 재위)은 건륭(建隆) 원년(960년)에 후주로부터 제위를 물려받아 송 왕조(북송은 960~1126년. 남송은 1127~1279년)를 세우고 우선 중국 북부를 통합한 뒤, 남부 통합에 나선다. 조광윤은 제위에 있는 동안 남부의 10국 가운데 오월을 제외한 아홉 나라를 멸하여, 난세에 거의 마침표를 찍었다.

태조가 죽은 뒤, 그의 후계자로 송나라 제2대 황제(태종 太宗: 976~997년 재위)에 오른 것은 동생 조광의(趙匡義)였다. 형 못지않게 유능한 태종은 태평흥국(太平興國) 3년(978년)에 중국 남부의 10국 가운데 마지막까지 남아 있던 오월을 멸하여 형의 숙원을 이루고, 마침내 중국 전역의 재통일을 이룩했다.

이 장의 주인공 임포는 태종이 마지막으로 송 왕조에 편입시킨 남쪽 나라 오월 출신이다. 오월이 멸망할 때 임포는 열두 살이었다. 감수성이 예민한 소년 시절에 망국의 쓰라림을 겪은 것은 그의 생애에 깊은 영향을 주었다.

둘 다 명군이었던 송 태조와 태종은 차례로 놀라운 정책을 내놓아, 당나라 중기 이후 오랫동안 계속된 정치적 · 사회적 혼란을 멋지게 수습했다. 특히 지방절도사의 군벌화를 막기 위해 중앙에서 문관을 파견하여 엄중하게 관리하는 등, 문민 통치를 강력하게 추진한 것. 이를 위해 유능한 문관을 구하려고 과거제도를 정비하여 관리 등용을 일원화한 것은 태조와 태종의 영단이었다. 덧붙여 말하면, 위진남북조 시대부터 당나라 때까지 영화를 누린 문벌 귀족은 5대10국의 난세를 거치면서 흔적도 없이 사라졌다. 그리하여 송나라 이후 정치와 문화의 주역은 귀족에서 과거급제자인 진사를 중심으로 하는 사대부 계층으로 완전히 바뀌었다.

임포는 이처럼 변혁과 신생의 기운이 넘치는 송나라 초기에 살면서도 망국 오월 출신으로서의 응어리를 떨쳐버리지 못한 채, 마음에 깊은 상처를 안고 살아간 것 같다. 임포의 전기는 별로 자세하지 않고, 특히 은둔하기 전의 생활에는 불명확한 점이 많지만, 성인이 된 뒤 20년 가까이 역양(歷陽: 안후이성)·조주(曹州: 산둥성)·금릉(金陵: 장쑤성 난징시)·소주(蘇州: 장쑤성) 등 강북과 강남 각지를 떠돌아다닌 모양이다. 각지의 시회(詩會)에 참석하여 시작에 몰두하는 한편, 현지의 유력자나 지방관리와 사귀면서 어떻게든 세상에 나갈 길을 찾으려 했지만, 결국 바람직한 성과는 거두지 못했다. 아직 과도기였기 때문인지, 풍부한 학식을 갖고 있으면서도 과거에 응시한 흔적은 전혀 없다.

오랫동안 불안정한 떠돌이 생활을 하는 동안 임포는 건강을 잃고, 다음 오언율시 「여관에서 그리움에 잠기다」에서 볼 수 있듯이 간절한 향수에 사로잡히게 된다.

임포(林逋)

고향에 돌아갈 수 있을 것 같았는데 잘되지 않아서
여관방에 정좌하여 창 밖의 파도를 마주본다.
마른 잎은 가을 기운에 놀라고
살아남은 매미는 석양을 두려워한다.
출세의 계획이 좌절한 것은 그래도 참을 수 있지만
타고난 고집센 성격은 고칠 수가 없구나.
외로이 솟아 있는 고봉의 의미를 분명히 깨닫고
한밤중에 꿈 하나를 미친 듯이 좇는다.

　곳곳을 떠돌아다닌 끝에 세상이나 남과 타협할 수 없는 자신의 완고함을 재확인한 임포는 여관에서 '미친 듯이 좇아다닌' 일탈의 꿈을 실현하기 위해 이윽고 고향 항주로 돌아가, 서호 기슭의 외딴 산중에서 은둔 생활을 시작한다. 때는 경덕(景德) 3년(1006년), 임포의 나이 마흔 살 때였다. 이때 송 왕조는 이미 제3대 황제 진종(眞宗: 997~1022년 재위) 시대에 접어들어 있었다.

　은자가 된 임포는 문자 그대로 무욕염담(無慾恬淡), 모든 집착을 버리고 욕심 없이 느긋하고 자유로운 생활을 즐겼다. 은둔한 직후에 지은 것으로 여겨지는 연작시 「심거잡흥육수」(深居雜興六首) 서문에는 정치나 사회에 일절 관여하지 않고 오로지 충실한 은둔 생활을 즐기겠다는 결의가 분명히 드러나 있다.

　　제갈량(諸葛亮)이나 사안(謝安: 동진 시대의 대정치가)은 세

상을 다스리고 민중을 구제하는 재능이 있어, 제갈량은 남양
(南陽)에 숨어살고 사안은 기생을 데리고 동산(東山)에 은거하
면서도 천하를 평정하고 민중을 위해 태평성대를 이루겠다는
꿈을 한시도 버리지 않았다. 하지만 나는 그렇지 않다. 가슴속
은 깨끗이 텅 비었고, 마음에 걸리는 것은 아무것도 없다. 그
저 나무를 베거나 낚시를 하고, 시를 짓는 데 마음을 쏟으며
이따금 내 마음을 잘 표현하려고 고심할 뿐이다. (이하 생략)

자신의 은둔은 가만히 숨어서 때가 무르익기를 기다리는 자
복(雌伏)이 아니라, 은둔 자체가 목적이라고 임포는 말한다. 이
말은 결코 오기가 아니었다. 은자 임포의 생활은 세속에 구애되
지 않고 모든 집착을 훌훌 털어버린 탈속적인 것이었다. 그 모
습을 지금까지 전해주는 일화는 수없이 많지만 하나만 소개해
보겠다.

임포는 명고(鳴皐)라는 이름의 학과 유유(呦呦)라는 이름의
사슴을 키우고 있었다. 임포가 없을 때 친구가 찾아오면 명고는
하늘 높이 날아올라 임포에게 알리러 갔다. 한편 사슴 유유는
이웃에 사는 오아(五兒)라는 소년과 사이가 좋아서, 오아가 항
주성 안의 선술집으로 고용살이를 하러 가자 자주 산에서 내려
가 선술집까지 놀러 가곤 했다. 오아는 유유가 돌아갈 때 임포
에게 보내는 선물로 유유의 목에 술병을 넣은 대바구니를 묶어
주었다. 이것이 계기가 되어, 손님이 올 때마다 임포는 유유의
목에 돈을 넣은 대바구니를 묶어서 오아의 선술집까지 심부름

을 보내게 되었다. 그러면 유유는 어김없이 술을 사서 종종걸음으로 돌아왔다.

정말 동화 같은 이야기지만, 이렇게 임포는 학을 자식으로, 사슴을 하인으로 삼아 유쾌하게 살았다는 것이다. 물론 재미있게 과장된 일화나 전설이지만, 임포 자신이 학 명고와 사슴 유유를 노래한 시를 지었으니까 그들과 함께 즐겁게 살고 있었던 것은 확실하다.

또한 임포는 매화를 좋아해서, 산 속의 집도 매화나무 숲에 둘러싸여 있었다. 매화를 주제로 한 시에는 뛰어난 작품이 많지만, 그 중에서도 다음 「동산의 작은 매화 2수」(山園小梅二首) 가운데 한 편은 임포의 최고 걸작으로 꼽혀 사람들 입에 자주 오르내린다.

다른 꽃들이 떨어진 뒤 홀로 곱게 얌전히 피어나
작은 동산에서 풍정을 독차지하고 있네.
성긴 그림자는 맑고 얕은 시냇물 위에 비스듬히 드리우고
은은한 향기는 희미한 달 그림자 속에 떠도네.
서리를 피해 날아오른 겨울새는 내려앉기 전에 슬쩍 훔쳐보고
흰나비가 그 꽃의 아름다움을 안다면 넋을 잃었으리라.
다행히 나는 시를 읊조리며 서로 친해질 수 있으니
악기나 술단지도 필요없네.

'임포' 하면 이 시에 나오는 '소영'(疏影: 성긴 그림자)과 '암향'(暗香: 은은한 향기)이라는 시구가 떠오를 만큼 유명한 작품이다. 그가 노래하고 있는 대상은 매화지만, 섬뜩할 만큼 에로틱한 정취에 넘쳐 요염한 미녀 같다. 임포가 매화를 아내로 삼았다는 전설이 있는 것도 당연하다. 매화에 대한 그의 깊은 사랑은 예사롭지 않다.

임포는 은둔 생활을 시작하기 전부터 시인으로 명성이 높았는데, 그 시풍은 대체로 북송 초기에 유행한 당시(唐詩)를 특징짓는 섬세한 표현을 본받은 것이었다. 하지만 그 투명하고 청신한 시적 표현은 단순히 당시를 모방하는 데 그치지 않고, 송시(宋詩)의 독자적인 시적 표현의 일면을 개척한 것이기도 했다. 이렇게 투명하고 청신한 임포의 시는 중국에서는 물론 한국과 일본에서도 오래 전부터 사랑을 받았다.

속세와 인연을 끊고 학·사슴·매화와 함께 상쾌한 은둔 생활을 했다고는 하지만, 외딴 산중으로 임포를 찾아오는 사람들은 끊이지 않았다. 나중에 대정치가가 된 학자 범중엄(范仲淹: 989~1052년), 고명한 시인 매요신(梅堯臣: 1002~1060년)은 그 대표격이다. 임포도 저속한 자들은 백안시하여 상대도 하지 않았지만, 그를 진심으로 경애하는 자들의 방문은 환영했다. 범중엄이나 매요신 외에도 임포의 생활 방식이나 작품에 관심을 갖는 동시대인은 아주 많았다. 그들이 남긴 기록에서 임포의 다양한 측면을 엿볼 수 있다.

이런 기록에 따르면, 임포는 시만이 아니라 문인 취미의 기본인 '금기서화'(琴棋書畵)에 모두 능통했다고 한다. '금기서화'는 가야금 · 장기 · 서예 · 그림을 말한다. 본인이 자칭했듯이 "그저 나무를 베거나 낚시를 하는"것밖에 모르는 산중 은자가 아니라, 다양한 취미를 갖고 풍류를 즐긴 멋쟁이 은자였던 셈이다. 임포의 다음 세대인 심괄(沈括: 1031~1095년)이 쓴 수필 『몽계필담』(夢溪筆談)에 따르면, 임포는 "나는 세상일은 뭐든지 할 줄 알지만, 거름 지는 일과 장기에는 서투르다"고 말한 적이 있다니까, 장기는 별로 잘 두지 못했는지도 모른다.

어쨌거나 시인으로서 일류인데다 문인 취미에도 능통했고 세속에는 전혀 관심이 없는 은자 임포는 그와 같은 생활을 지향하는 후세의 은자 지망자들에게는 동경의 대상이 되었다. 예를 들면 17세기의 명말청초(明末淸初) 문인으로 만주족의 청 왕조에 저항하여 은둔 생활을 계속한 장대(張岱: 1597~1689년)는 「거름을 지다」는 시에서 "천성적으로 서투른 것은 장기와 거름 지는 일"이라고 노래하고 있다. 이것은 분명 임포를 의식한 시여서, 임포의 영향력이 얼마나 큰가를 보여준다.

어쨌든 유유자적한 은자 생활을 계속하려면 상당한 자금이 필요했던 것은 말할 나위도 없다. 밭일도 서투르니까 자급자족할 수는 없다. 임포는 그 자금을 어디에서 얻었을까. 은자 임포의 명성을 전해들은 당시의 황제 진종은 그에게 '화정처사'(和靖處士: 처사는 지위도 벼슬도 없는 사람을 가리킨다)라는 칭호를 주고, 철따라 식량과 옷가지를 하사했다고 하고, 지방장관 중에는 임포를 찾아와 온종일 대화를 즐기고 제 봉급의 일부를 내놓

114

는 사람도 있었다니까, 이런 원조가 임포의 은둔 생활을 지탱해 준 것으로 보인다.

하지만 아무리 자금 지원을 받아도 임포는 마치 중이 시주를 받듯 전혀 마음에 두지 않았다. 그는 불교에도 도교에도 관심이 많아서, 산중 거처에는 도교의 선인 지원자들이 복용하는 단약(丹藥)을 조합하는 단로(丹爐)까지 갖추어져 있었다고 한다.

임포는 외딴 산중에서 은둔 생활을 시작한 지 20여 년이 지난 천성(天聖) 6년(1028년)에 병으로 죽었다. 당시 그의 나이 예순 둘. 죽기 전에 스스로 무덤을 만들고 세상을 떠나는 심경을 노래한 시까지 지어놓았으니, 준비가 철저하다.

그 시에 이런 구절이 있다.

무릉(茂陵)에서 나중에 유고(遺稿)를 찾아도
봉선(封禪)의 글이 전혀 없음을 오히려 기뻐하노라.

전한(前漢)의 무제를 섬긴 문인 사마상여(司馬相如)는 병 때문에 사임하고 무릉(오늘날 산시성)에서 요양에 힘썼다. 무제의 심부름꾼이 그의 저작을 받으러 왔을 때 사마상여는 이미 세상을 떠난 뒤였지만, 그 유고 속에 무제에게 봉선(황제가 태산에서 천지신명에게 바치는 제사)을 권하는 글이 있었다. 결국 사마상여는 죽을 때까지 무제에게 충실했던 것이다.

임포는 이 사마상여의 고사를 인용하여, "내가 죽은 뒤에 아무리 유고를 뒤져도 송나라 황제를 위해 쓴 봉선서 따위는 나오지 않을 것"이라고 큰소리를 쳤다. 참으로 대단한 반골이 아닌가. 망국 오월 출신인 임포는 송나라 황제가 아무리 그를 원조해주고 경의를 표해도, 승자인 송 왕조에 대해 끝까지 마음을 열지 않고 매화와 학과 사슴과 더불어 마음 내키는 대로 살면서 유유히 일탈의 생애를 보냈다. 임포 역시 강인한 반항 정신을 속에 감춘 '강골' 은자였다.

# 9 미불

'미치광이'라고 불린 기인의 포복절도할 인생

미불(米芾: 1051~1107년)의 자는 원장(元章). 채양(蔡襄)·소동파(蘇東坡: 본명은 식軾이고 동파는 호다)·황정견(黃庭堅)과 함께 북송의 4대 서가(書家)로 꼽히는 미불은 뛰어난 화가이자 『서사』(書史)와 『화사』(畵史) 같은 책을 쓴 이론가이기도 했다. 뿐만 아니라 많은 서화와 벼루와 돌 따위를 모은 유명한 수집가였고, 위작을 만드는 솜씨도 뛰어났다니까, 그 다재다능함은 그야말로 상상을 초월한다. 그는 또한 '미전'(米顚: 미치광이)이라는 별명으로 불린 기인이었다. 그의 기행에 얽힌 에피소드는 이루 다 열거할 수 없을 정도다.

미불은 자주 당나라 풍의 옷이나 모자를 걸쳐 남의 이목을 끌었다. 치기에 넘치는 이런 시대착오적인 옷차림으로 남을 깜짝 놀라게 했을 뿐 아니라, 그 자신도 어떻게 할 수 없는 기벽을 갖고 있었다. 바로 병적인 결벽증이다. 이 때문에 계속 얼굴이며 손을 씻었지만, 수건은 절대 사용하지 않고 저절로 마르기를 기다리곤 했다. 또한 자를 거진(去塵)이라고 하는 단불(段拂)이라는 청년이 있다는 말을 듣고, "이미 먼지(塵)를 털었는데(拂) 또 먼지를 없애다니(去塵), 그 젊은이야말로 내 사윗감으로 딱 알맞다"면서 그 자리에서 사윗감을 결정했다는 거짓말 같은 이야기도 있다.

벼루 마니아인 미불은 어느 날 유명한 벼루를 손에 넣어 기쁜 나머지 역시 벼루 마니아인 친구 주인숙(周仁熟)에게 자랑을 했다. 주인숙이 가짜를 산 거 아니냐고 일부러 의심하는 체하자, 미불은 벼루를 꺼내 자랑스럽게 보여주었다. 그러자 주인숙은 먹을 갈아보지 않으면 모른다면서, 당장 먹에 침을 발라서 벼루에 문질렀다. 물론 미불의 결벽증을 알고 일부러 한 행동이었다.

아니나다를까, 미불은 붉으락푸르락 화를 내고, 남의 침이 묻은 벼루는 필요없다면서 그 비장의 벼루를 아낌없이 주인숙에게 주어버렸다고 한다. 유명한 벼루에 대한 집착도 극단적인 결벽증 앞에서는 맥을 추지 못했던 것이다. 그 때문인지 어떤지는 모르지만, 미불은 아끼는 서화는 남이 절대 만지지 못하게 하고, 남에게 보여줄 때는 족자를 펼치는 일에서부터 모든 일을 자기가 손수 해냈다. 작품이 망가질지 모른다는 두려움과 병적인 결벽증이 이런 형태로 나타난 것 같다.

미불은 나이가 들수록 언행이 점점 더 엉뚱해져서 가는 곳마다 물의를 일으켰지만, 원래는 상당한 명문 집안 출신이었다.

그의 5대조 할아버지 미신(米信)은 북송 초기에 수많은 무공을 세운 군사가였고, 그후 그의 가문에서는 군사와 관련된 벼슬을 하는 사람이 계속 배출되었다. 하지만 미불의 아버지 미좌(米佐)는 학문을 좋아하여 서화를 감상하거나 수집하는 풍류가였다. 미불이 어릴 적부터 시문을 배우고 서화 훈련을 쌓은 것은 아마 아버지의 영향 때문일 것이다.

미불의 어머니는 북송의 제5대 황제 영종(英宗: 1063∼1067년 재위)의 황후 고씨의 유모였다. 그래서 미불은 어린 시절에 어머니와 함께 고씨의 호화 저택에 살면서 훌륭한 서화를 직접 보는 귀중한 경험을 했다. 이 어린 시절의 체험도 미불의 미적 감수성을 갈고 닦는 촉매가 된 것으로 여겨진다.

이렇게 미불은 일찍부터 시문과 서화의 재능을 키울 기회를 얻었고 독서를 좋아하여 박학다식했는데도 과거 공부만은 까닭 없이 싫어해서, 결국 정통적인 루트로 벼슬길에 나가는 길은 선택하지 않았다. 영종이 죽은 뒤, 후계자인 고황후의 아들이 제6대 황제 신종(神宗: 1067∼1085년 재위)이 되자, 이제 황태후가 된 고씨는 유모의 아들인 미불을 특별히 비서성(秘書省) 교서랑(校書郎)에 임용했다. 미불이 이렇게 벼슬길에 오른 것은 희녕(熙寧) 원년(1068년), 그의 나이 18세 때였다.

이를 시작으로 미불은 함광(浛光: 광둥성)의 위(尉: 경찰서장), 임계(臨桂: 광시성) · 장사(長沙: 후난성) · 항주(杭州: 저장성) 등지의 지방관이 되어 오랫동안 각지를 돌아다녔다. 모두 그렇게 대단한 벼슬은 아니었지만, 그래도 본인은 나름대로 유능한 지방관이 되려고 애쓰기도 한 모양이다. 하지만 성격이 워낙 독특해서 계속 상관과 충돌했다. 이런 이야기가 있다.

미불이 무위(無爲: 안후이성)의 현령으로 있을 때, 상관인 지주(知州: 주의 장관)가 교활한 수완가여서 백성의 원성이 높았다. 미불은 이 지주를 혐오하여 얼굴을 맞대기도 싫어했지만, 규칙상 홀수 날에는 예복을 갖추어 입고 청사에 가서 장관에게 인사를 하지 않으면 안된다. 이것이 싫어서 견딜 수가 없는 미불은 고민 끝에 한 가지 방법을 생각해냈다. 장관에게 인사하러 가기 전에 아끼는 돌을 향해 깊이 고개를 숙이면서 입 속으로 이렇게 중얼거리기로 한 것이다. "의식이 없는 돌에도 절을 할 수 있는데, 그 밉살스러운 장관한테 절을 하지 못할 리가 없다." 매사가 이런 식이니까, 어디에 가도 오만불손한 미친 놈이라고 상관한테 밉보여 다른 곳으로 쫓겨나는 게 고작이었다.

미불은 열렬한 돌 마니아여서, 무위 현령 시절에 기이하게 생긴 돌을 발견하여 관사로 가져왔을 때는 느닷없이 돌을 향해 깊이 고개를 숙이면서 "내가 형님을 보고 싶어한 지 20년이오" 하고 말했다 한다. 미불은 밉살스러운 관리보다 말없이 중후한 존재감만 풍기는 돌멩이가 훨씬 낫다고 생각했을 것이다.

지방관으로서는 성공하지 못했지만, 강남 각지를 돌아다니는 동안 훌륭한 서화나 수집가를 많이 알게 되어 미불의 서화 솜씨는 두드러지게 좋아졌고, 수집가로서의 감식안도 더욱 연마되었다.

미불은 공부를 아주 열심히 해서, 일고여덟 살 때 당나라 시

미불(米芾)

대의 위대한 서예가인 안진경(顔眞卿)의 필법을 배운 것을 시작으로 온갖 필법을 배우고 연구했다. 그런데 연구에 너무 열심이었기 때문에, 이것이야말로 미불의 글씨라고 할 만한 독창성은 좀처럼 발휘하지 못했다.

여기에 대해 미불 자신은 『해악명언』(海岳名言)이라는 책에서 이렇게 말하고 있다. "나는 서른 살이 되도록 서가로서 일가를 이루지 못하여, 사람들은 내 글씨를 두고 '집고자'(集古字: 옛 사람의 글씨를 모은 글씨)라고 불렀다. 내 글씨가 옛 사람의 글씨 가운데 장점만 따서 모아놓은 것이었기 때문일 것이다. 노령에 접어든 뒤에야 겨우 일가를 이룰 수 있게 되어, 사람들은 내 글씨를 보고도 도대체 누구의 글씨를 본보기로 삼았는지 알 수 없게 되었다." 많은 옛 사람의 글씨를 배우고 그것을 철저히 익혀서 자유자재로 운용할 수 있게 되기까지 오랜 시간이 걸렸다는 것이다.

사실 미불이 독창적인 서가로 탈바꿈할 수 있었던 것은 열다섯 살 위인 소동파(1036~1101년)를 만난 덕분이었다. 미불은 서른한 살 때인 원풍(元豊) 4년(1081년)에 우연히 소동파의 자유롭고 활달한 글씨를 보고 깊이 감동한 나머지, 3년 뒤인 원풍 7년에 중앙 정국의 파벌 싸움에 말려들어 황주(黃州: 후베이성)로 귀양살이를 간 소동파를 찾아갔다. 두 사람은 나이 차이를 초월하여 당장 의기투합했고, 소동파는 미불에게 '서성'(書聖) 왕희지(王羲之: 307~365년)와 그 아들 왕헌지(王獻之)를 비롯한 동진(東晉) 시대의 글씨가 얼마나 훌륭한지를 말해주었다.

그때까지 주로 당나라 시대의 글씨를 배우고 있던 미불에게 이것은 눈이 번쩍 뜨이는 가르침이었다. 그후 미불은 동진의 글씨, 특히 무심하게 붓을 놀리는 왕헌지의 글씨를 사랑하고 그 자유분방한 필법과 숨결을 흡수하여 자신의 서체를 확립해 나갔다.

미불의 대표작으로 꼽히는 것은 그가 서른여덟 살 때인 원우(元祐) 3년(1088년)에 쓴 「초계시권」(苕溪詩卷)과 「촉소첩」(蜀素帖) 등인데, 그의 서풍은 자유자재하고 역동적이다. 붓이 나가는 대로 붓을 움직이기 때문에 글자 크기도 고르지 않고, 자유분방하게 약동하는 정신을 느끼게 한다.

소동파는 중앙 정계에 복귀하자마자 또다시 실각하여 황주보다 훨씬 남쪽에 있는 해남도(海南島)로 귀양을 가는 등 부침을 거듭하다가 건중정국(建中靖國) 원년(1101년)에 세상을 떠나지만, 미불과 소동파의 교유는 그동안에도 끊이지 않고 계속되었다. 물론 편지 왕래가 대부분이었지만, 이따금 만날 기회가 생기면 두 사람의 기쁨은 대단했다.

원우 7년(1092년)에 양주(揚州: 장쑤성) 장관이었던 소동파는 조정의 부름을 받고 수도로 가는 길에 옹구현(雍丘縣: 안후이성) 현령인 미불을 찾아갔다. 두 사람은 술을 나눈 뒤, 긴 책상 앞에 마주앉아 글씨를 쓰기 시작했다. 눈 깜짝할 사이에 각자 300장의 종이를 다 써버렸다. 하인이 부지런히 먹을 갈아도 제때에 먹물을 대령하지 못할 정도였다. 나중에 글씨를 서로 교환해보니, 둘 다 여느 때보다 글씨가 훨씬 좋았다고 한다.

자기를 가장 잘 이해해주고 어떤 의미에서는 스승이기도 했던 소동파를 잃었을 때 미불은 쉰한 살이었다. 그후에도 미불은 한동안 하찮은 지방관 생활을 계속했지만, 다행히 그보다 약 10년 전인 원우 5년(1090년) 무렵부터 풍광이 아름다운 윤주(潤州: 장쑤성 전장시)를 거점으로 삼아 해악암(海岳庵: 동쪽과 서쪽에 두 개의 해악암이 있었다)이라고 이름지은 집을 짓고, 거기에 소장한 서화와 골동품을 늘어놓고 즐겼다 한다. 미불의 글씨는 많이 전해지고 있는 반면 그림은 거의 남아 있지 않지만, 절경으로 이름난 이 윤주의 해악암에서 창작한 그림이 많았던 모양이다. 미불의 산수화는 자욱한 구름과 안개, 산이나 봉우리를 모두 점으로 표현한 독특한 수법을 사용하여 '미점산수'(米点山水)라고 불렸다 한다.

원부(元符) 3년(1100년)에 정치적 감각은 전혀 없지만 서화에는 뛰어난 재능을 가진 휘종(徽宗: 1100~1125년 재위)이 북송의 제8대 황제가 되자, 오랫동안 출세를 하지 못하던 미불의 공직 생활에도 변화가 일어난다. 우선 숭녕(崇寧) 2년(1103년)에 부름을 받고 수도 개봉에 가서 태상박사(太常博士)에 임명되었지만, '미전'이라는 별명대로 조정의 고관들과 사사건건 충돌하여 다시 지방관으로 좌천되었다. 하지만 이듬해인 숭녕 3년에 다시 부름을 받고 조정에 돌아가, 이번에는 서화학 박사에 임명되었다.

이때 미불이 휘종 앞에서 보인 행동이 두고두고 후세의 이야깃거리가 되었다. 하루는 휘종이 미불에게 자기 눈앞에서 글씨를 쓰라고 명령하고, 황제 전용 벼루를 사용하게 했다. 물론 훌륭한 벼루여서, 벼루 마니아인 미불은 못 견디게 탐이 났다. 그래서 글씨를 다 쓰자마자 벼루를 번쩍 들고, "이 벼루는 신하인 제가 이미 사용했으니까 폐하께서 쓰시면 안됩니다" 하고 말했다. 휘종이 껄껄 웃으며 그 벼루를 미불에게 주었더니, 미불은 기뻐서 펄쩍펄쩍 뛰고는 당장 벼루를 품에 안고 물러갔다. 벼루에 남은 먹물로 소매와 옷깃이 새까맣게 물들어도 아랑곳하지 않고 희색이 만면하여, 하늘에라도 오른 것처럼 기뻐했다. 그 모습을 본 휘종은 "과연 미치광이라고 불릴 만도 하군" 하고 감탄했다고 한다.

이렇게 황제의 벼루까지도 탐이 나면 어떻게든 자기 것으로 만들어버렸으니, 미불이 서화와 벼루와 돌을 수집하는 데 얼마나 광적이었는지 미루어 짐작할 만하다. 무리가 통하면 도리가 움츠러드는 법이다. 소유자를 끈질기게 졸라대어 비장품을 빼앗은 이야기는 수두룩하다. 한 가지만 예를 들어보자.

어느 날 미불은 조정의 실력자인 채경(蔡京)의 아들 채유(蔡攸)와 같은 배에 타게 되었다. 채유는 한시도 몸에서 떼어놓지 않고 갖고 다니던 왕희지의 「왕략첩」(王略帖)을 무심코 미불에게 보여주었다. 그것을 본 순간 미불은 못 견디게 탐이 나서 자기가 소장하고 있는 명화와 교환하자고 간청했지만, 채유는 상대도 하지 않았다. 그러자 미불은 느닷없이 「왕략첩」을 빼앗아 품에 넣고는, 양도해주지 않으면 차라리 죽는 편이 낫다면서 물에 뛰어들려고 했다. 깜짝 놀란 채유는 결국 굴복했고, 미불은 보기 좋게 「왕략첩」을 손에 넣었다고 한다.

당시에는 서화와 골동품을 매매하는 시스템이 아직 확립되지 않아서, 수집가는 흥정과 교섭으로 물물교환하는 것이 관례였다. 미불이 「왕략첩」을 억지로 손에 넣은 것도 원래 주인인 채유와의 물물교환 교섭이 실패로 끝났기 때문에 어쩔 수 없이 그런 비상 수단을 취했다고 말할 수도 있다. 원래 미불은 물물교환을 무척 좋아해서, 흥정을 통해 소장품을 번갈아 바꾸고는 즐거워했다.

"사대부를 돈으로 살 수 없는 것과 마찬가지로, 서화는 값을 매길 수 없는 것이다. 따라서 교환하는 것이 가장 우아한 방식이다. 요즘 사람들은 좋은 작품을 손에 넣으면 죽을 때까지 내놓지 않는데, 이것은 이상한 일이다. 아무리 좋은 물건도 오래 보면 싫증이 나니까 적당할 때 교환해서 새로운 물건을 손에 넣으면 익숙한 물건과 신기한 물건을 둘 다 즐길 수 있다. 이것이야말로 달인이다"(『화사』)라는 것이 미불의 논리다. 꽤 정곡을 찌른 말이다.

정말로 교환하는 것뿐이라면 문제는 없지만, 미불은 '집고자'라고 불릴 만큼 옛 사람들의 글씨를 흉내내는 데 능한 인물이었다. 따라서 남이 맡긴 작품을 교묘히 모사하여 가짜를 주인에게 돌려주고 진짜는 자기 것으로 만들어버리는 일도 허다했다. 상대가 눈치를 채면 웃으면서 선선히 돌려주지만, 상대가 알아차리지 못하면 절대로 진짜를 내놓지 않는다.

상대가 진짜와 가짜를 알아보는 감식안을 갖고 있는지 어떤

지 시험해보려는 장난기도 있었던 모양이지만, 실제로 미불은 이런 수법으로 소장품을 계속 늘려갔다. 덧붙여 말하면, 미불은 서화의 표구에서부터 소유자의 인장까지 모두 자기 힘으로 위조할 수 있는 기술을 갖고 있었기 때문에, 가짜를 만드는 솜씨는 갈수록 정교해졌다. 이렇게 미불이 쉽게 진위를 구별할 수 없는 정교한 가짜를 대량으로 만들어냈기 때문에 후세의 서화 감정가들에게 골칫거리가 되었다.

악의가 있든 없든 기발한 언행으로 세상을 떠들썩하게 하여 '미치광이'라는 별명으로 불리면서도, 미불은 서화 제작에 많은 정력을 쏟아부어 뛰어난 작품을 차례로 만들어냈다. 하지만 이 시대에는 서화가 어디까지나 문인 취미의 일종이었기 때문에, 미불은 사사건건 남과 충돌하고 출세에는 전혀 흥미가 없는데도 생계를 유지하기 위해 생애의 대부분을 불우한 관리로 보낼 수밖에 없었다. 미불은 속세를 떠난 은자가 아니라, 시종일관 '관은'(官隱: 관료계의 은자)으로서 거의 40년에 이르는 세월을 보냈다고 말할 수 있다.

대관(大觀) 원년(1107년), 미불은 쉰일곱 살을 일기로 세상을 떠났다. 예술가 황제인 휘종에게 인정받아 숭녕 3년(1104년)에 모처럼 서화학 박사에서 예부(禮部)의 원외랑(員外郞)으로 발탁되었지만, 2년도 지나기 전에 또다시 지방관으로 좌천되었고, 그 직후에 목에 악성 궤양이 생겨 결국 목숨을 잃은 것이다. 미불은 이렇게 마지막까지 관료계의 미치광이 은자로서 생애를 마쳤다. 참으로 통쾌하지 않은가.

# *10* 백인보

몽골 왕조를 섬기는 것을 떳떳하지 않게 여긴 원곡 작가

중국에서 희곡 장르가 확립된 것은 원나라(元: 1279~1368년) 시대였다. 몽골족 우선 체제 아래에서 곤궁해진 지식인들 가운데 민중 예능(연극이나 이야기)에 손을 대는 사람이 잇따라 출현했다. 그 결과 관한경(關漢卿)·정덕휘(鄭德輝)·백인보(白仁甫)·마치원(馬致遠) 등 4대가를 비롯하여 뛰어난 희곡 작가들이 배출되었고, '원곡'(元曲)이라고 불리는 희곡 장르가 눈부시게 발전한다. 하지만 중국에는 속문학(俗文學: 소설이나 희곡)을 경시하는 전통이 있어서, 원곡 작가들도 내력을 알 수 없는 경우가 많다. 4대가의 한 사람인 백인보는 상당히 자세하게 생애를 더듬어볼 수 있는 예외적인 존재다.

백인보(1226~1306년: 본명은 박樸이고 인보는 자다)는 12세기 전반부터 약 100년 동안 중국 북부를 지배한 여진족의 왕조인 금(金)나라의 지식인 집안 출신이다. 아버지 백화(白華)는 금

의 고위 관료로 추밀원 판관을 지냈다. 혜택받은 가정 환경에서 성장한 백인보의 운명은 그가 여덟 살 때인 1233년에 금의 수도 개봉(開封: 허난성)이 몽골군의 맹공격에 함락된 것을 고비로 격변한다. 백인보가 그후에 걸어간 삶의 궤적을 더듬기에 앞서, 우선 시대 상황의 변화를 대충 살펴보자.

앞장에서 다룬 미불과도 관계가 깊은 북송의 제8대 황제 휘종(徽宗: 1100~1125년 재위)은 예술가로서는 일류였지만 정치 감각은 전혀 없는 방탕 천자여서, 그의 치세에 북송의 쇠망은 가속화한다. 휘종이 놀이에 열중해 있는 동안, 중국 동북부에 본거지를 둔 여진족의 신흥국가 금이 세력을 확장하여 정강(靖康) 2년(1127년)에 마침내 북송을 멸망시킨다.

강남으로 망명한 북송 왕조는 우여곡절을 거쳐 항주(杭州: 저장성)를 수도로 하는 한족의 망명 왕조 남송(南宋: 1127~1279년)을 세운다. 남송의 초대 황제 고종(高宗)은 휘종의 아들이었다. 그후에도 금나라는 남송을 집요하게 공격하지만, 1142년에 남송이 금나라에 신례(臣禮)를 바치고 해마다 막대한 상납금을 지불하는 굴욕적인 조건을 받아들여 마침내 화의가 성립되었다. 그후 약 90년 동안 회수(淮水)를 경계로 하여 북쪽은 금나라가, 남쪽은 남송이 지배하는 형태로 두 나라는 평화롭게 공존한다.

하지만 이 평화공존은 위대한 초원의 왕자 칭기즈칸(1162~1227년)이 통합한 몽골족의 맹공격으로 어이없이 무너지고, 두 나라는 잇따라 멸망의 내리막길을 굴러 떨어진다. 우선 칭기즈

칸이 살아 있을 때부터 몽골군의 공격에 시달리고 있던 금나라가 칭기즈칸의 후계자 오고타이 시대에 멸망한다. 1233년에 수도 개봉이 함락되고, 이듬해인 1234년에는 남쪽의 채주(蔡州: 허난성 루난현)로 달아난 금나라의 마지막 황제 애종(哀宗)도 자살하여 금나라는 완전히 지상에서 사라진다.

사실 금나라의 멸망에는 남송도 한몫을 했다. 몽골족의 요청을 받은 남송은 오랜 원한을 풀 기회가 왔다는 듯 원군을 보내, 몽골군과 함께 애종이 농성하고 있는 채주를 공격했다. 하지만 결국 남송도 몽골족의 공세에 시달리다가 1279년에 원 왕조를 세운 쿠빌라이(원의 세조. 1260~1294년 재위)에게 멸망한다. 이렇게 몽골족의 원나라는 금나라와 남송을 차례로 멸하고 중국 전역을 통일하기에 이른다.

이 장의 주인공 백인보는 앞에서도 말했듯이 여덟 살 때인 1233년에 금나라 수도 개봉이 함락되는 사건을 겪었다. 몇 달에 걸친 포위 끝에 개봉에 난입한 몽골군은 무자비한 약탈과 폭행을 자행했다. 이때 백인보의 아버지 백화는 애종을 따라 개봉을 탈출했지만, 가족(백인보와 모친과 누나)은 개봉성 안에 남아 있었다. 가장이 없는 백씨 집안은 대혼란에 말려들었고, 백인보의 어머니는 몽골군에 납치되어 행방불명이 되어버린다. 이렇게 지옥 같은 전란의 와중에 어머니를 잃은 것은 백인보의 마음에 평생 지워지지 않는 깊은 상처를 남긴다.

혼란 속에 남겨져 어찌할 바를 모르는 어린 백인보 남매에게 지옥에서 만난 부처님처럼 구원의 손길을 뻗친 것은 아버지 백화의 친구이며 고명한 시인인 원호문(元好問: 1190~1257년)이었다. 원래 원씨 집안과 백씨 집안은 '원백'(元白)이라고 불리는 당나라 중기의 2대 시인 원진(元稹: 779~831년)과 백거이(白居易: 772~846년)의 후손이었다. 원진과 백거이가 굳은 신뢰관계로 맺어진 친구였기 때문에 두 집안 사이에는 대대로 친밀한 관계가 이어졌고, 원호문과 백화도 아주 절친한 사이였다.

원호문은 '통가(通家: 조상 대대로 친하게 지내는 집안)의 조카'인 백인보 남매를 거두어 친자식처럼 보살폈다. 원호문 자신도 원래 금나라 고위 관료여서, 1233년에 몽골군이 개봉을 점령한 직후에 체포되어 가족과 함께 요성(聊城: 산둥성)으로 끌려가 연금되었다. 연금이 풀려 관지(冠氏: 산둥성)에 새 집을 짓고 겨우 안정된 생활을 시작한 것은 2년 뒤인 1235년이었다.

자신이 이처럼 불안정한 처지에 놓여 있으면서도 원호문은 백인보 남매를 곁에서 떼어놓지 않고 단단히 지켜주었다. 백인보가 전염병에 걸리자 원호문은 아침부터 밤중까지 그를 끌어안고 있었고, 그 보람이 있었는지 엿새 뒤에 땀이 확 나오면서 열이 내려 백인보는 목숨을 건졌다고 한다. 친부모보다 더 깊은 사랑이라고 말할 수밖에 없다. 또한 원호문은 백인보의 총명함을 사랑하여, 어린 그에게 학문과 시작(詩作)의 기초를 전수했다. 원호문의 시 「동파(東坡)의 이사에서 배우다」에 이런 정경이 묘사되어 있다.

내 집이 넓다고는 말할 수 없다

蘭尙老先生小景

백인보(白仁甫)

여분의 침실도 없으니까

하지만 내 집이 좁다고도 말할 수 없다

열 식구가 충분히 편안하게 살 수 있으니까

남향 처마 밑에 아이들을 앉히고

거기서 공부를 시킨다

(이하 생략)


　이것은 관지의 새 집으로 이사한 직후에 쓴 작품인데, 남향 처마 밑에서 공부하는 아이들 중에는 백인보도 끼여 있었을 게 분명하다. 이렇게 당대 최고의 학식과 문학적 감각을 가진 원호문에게 깊은 사랑과 가르침을 받은 것은 그후 백인보의 문학과 생활 방식에 헤아릴 수 없을 만큼 큰 영향을 주었다.

　원호문의 보호를 받으며 지낸 지 5년째인 1237년, 백인보는 드디어 아버지 백화가 있는 곳을 알게 되었다. 백화는 애종과 함께 개봉을 탈출한 직후, 애종의 명을 받고 등주(鄧州: 허난성)로 원군을 청하러 갔다. 하지만 등주 절도사 이자원(移刺瑗)은 좀처럼 결정을 내리지 않고 시간을 끌다가 남송에 투항해버린다. 결국 백화도 남송에 투항하여 균주(均州: 후베이성)에서 군무에 종사하지만, 금나라가 완전히 멸망한 이듬해인 1235년에 이번에는 남송에 반기를 들고 몽골에 투항한다. 2년 뒤인 1237년, 백화는 북쪽으로 올라와 진정(眞定: 허베이성)에 도착하여, 진정을 지배하는 몽골 정권의 유력자 사천택(史天澤)에게 몸을 의탁했다. 이 정보를 얻은 원호문은 직접 진정에 가서 백화를 만났고, 백인보 남매는 드디어 아버지 곁으로 돌아갈 전망이 선다. 당시 백인보는 열두 살이었다.

백화는 원호문이 딸과 아들을 용감하게 보호해준 것을 알고, 원호문에게 깊은 고마움을 담은 이런 시를 써 보냈다고 한다.

생각해보면 나는 초상집 개나 마찬가지다
그대 덕에 둥지에서 떨어진 자식들이 살았다

곧이어 백화는 진정에 집을 마련하고, 백인보 남매를 데려와 살기 시작한다. 하지만 앞에서도 말했듯이 백화는 금과 남송과 원의 세 왕조를 넘나들었기 때문에 평판이 좋지 않았고, 원호문도 백인보 남매를 돌려보낸 뒤 몇 년 동안 백화와 왕래하지 않았다고 한다.

변화무쌍한 백화와는 달리 원호문은 지극히 단정한 사람이어서, 금나라가 멸망한 뒤 몽골족의 원 왕조를 섬기기를 거부하고 금나라 유민으로 생애를 마쳤다. 덧붙여 말하면, 원호문의 먼 조상은 당나라 황제와 마찬가지로 투르크계 선비족인 탁발씨(拓跋氏)인데, 오랜 세월을 지나는 동안 한족에 완전히 동화되어버렸다. 그런 의미에서는 틀림없는 한족인 원호문이 여진족의 금 왕조에 신의를 지킨 것도 생각해보면 꽤 복잡한 이야기다. 조상 대대로 금 왕조의 영역에서 살아온 집안이라, 원호문은 자연스럽게 자신을 금나라 사람으로 생각했고 거기에서 자신의 정체성을 찾아내기에 이르렀을 것이다.

청나라 때의 조익(趙翼: 1727~1812년)은 「유산」(遺山: 원호문의 호)이라는 시에서 원호문의 시의 특질을 이렇게 거침없이 말하고 있다.

　　국가의 불행은 시가(詩家)의 행복
　　시를 지어 창상(滄桑)에 이르면 시구는 당장 정교해진다

　시인 원호문은 망국의 비참한 상황을 선열하게 표현한 수많은 걸작을 썼다. 뿐만 아니라 정력적으로 각지를 돌아다니며 멸망한 금나라에 대해 조사하고 자료를 모아 자세한 기록을 남겼다. 정사인『금사』(金史)는 특히 서술이 뛰어난 것으로 알려져 있는데, 이는 원호문의 기록을 많이 채용했기 때문이다.

　역시 몽골족의 원 왕조를 섬기기를 거부하고 지위도 벼슬도 갖지 않은 채 평생을 보낸 백인보는 변화무쌍한 아버지 백화보다 용감하게 금나라 유민으로 생애를 마친 원호문에게 많은 것을 배우고 깊은 영향을 받은 게 분명하다. 만년에 진정 서쪽에 있는 흔주(忻州)로 거처를 옮긴 원호문은 백인보를 자주 찾아와 "원씨 집안과 백씨 집안의 젊은이들 가운데 네가 가장 우수하다. 기운을 내라"고 격려했다 한다.

　당연한 일이지만, 금나라 망국의 자초지종을 목격한 망국 제1세대인 원호문과 제2세대인 백인보는 같은 금나라 유민이라고는 하지만 태도에 상당한 차이가 있다. 백인보는 독서에 힘써 사대부의 기초 교양을 충실히 갖추었지만, 문학 장르에서는 속

문학인 희곡이나 소패(小唄)에서 발전한 사(詞) 스타일을 좋아하여 그 창작에 힘을 쏟았다. 이것은 어디까지나 정통시 스타일로 자신을 표현한 원호문과는 전혀 다른 문학관에 따른 창작 행위라고 말할 수 있을 것이다.

백인보는 진정에서 보낸 청년 시절부터 많은 문인 친구들과 교유하면서 희곡을 쓰기 시작한 모양이다. 이 친구들 중에는 진정의 지배자인 사천택의 아들 사장(史樟)도 포함되어 있었다. 1261년에 사천택은 아들의 우수한 친구인 백인보의 재능과 학식에 주목하여, 그를 원나라 고위 관료 후보로 천거하려 했지만, 백인보는 단호히 거절했다. 당시 그의 나이 서른여섯. 키워준 아버지인 원호문이 죽은 지 4년 뒤의 일이다.

이 때문에 진정에 있기가 괴로워졌는지, 백인보는 그후 20년 가까이 가족을 진정에 남겨둔 채 한구(漢口: 후베이성)·구강(九江: 장시성)·개봉·회주(懷州: 허난성) 등지를 떠돌아다녔다. 자세한 것은 알 수 없지만, 백인보는 스물두 살에 결혼하여 그때 이미 자식도 여럿을 두고 있었다. 백인보는 금나라와 관계가 깊은 인물이 장관으로 부임한 지방을 전전하면서 그들을 즐겁게 해주기 위해 계속 희곡을 쓴 것 같다.

그의 편력에 대해서는 몇 가지 흥미로운 논평이 있다. 원나라의 왕박문(王博文)은 백인보의 사(詞)를 모은 『천뢰집』(天籟集)에 붙인 서문에서 이렇게 말했다.

　(백인보는) 나라가 망하자 늘 우울하여 즐겁지 않았고, 이

때문에 몸을 방랑에 내맡겨 자유롭고 즐겁게 살고자 했다.

또한 명나라의 손대아(孫大雅)도 역시 『천뢰집』에 붙인 서문에서 이렇게 말했다.

(백인보는) 조상 대대로 금나라 관리였던 사실을 생각하면서, 우쭐대는 태도로 충절을 과시하려 하지 않았고, 원 왕조를 섬겨 몸을 더럽히는 것도 바라지 않았다. 그래서 몸을 굽히고 뜻을 낮추어 세간의 상식을 무시하고 골계(滑稽)에 몰두했다.

이 두 가지 논평은 원호문처럼 정공법으로 당당하게 자기를 주장하지 않고 의식적으로 삐뚜름한 자세를 취하면서, 전통적인 문학관에서 경시되는 골계나 희곡의 길을 선택한 백인보의 기본 자세를 선명하게 포착했다고 말할 수 있을 것이다.

백인보의 희곡은 대부분 사라지고, 현재 완전한 형태로 남아 있는 것은 『오동나무에 내리는 비』(梧桐雨)와 『담장머리에 말타고 서서』(牆頭馬上)와 『동쪽 담장기』(東牆記) 세 편뿐이지만, 이 작품들은 그의 훌륭한 기량을 충분히 보여주고 있다. 특히 현종 황제와 양귀비의 비극을 주제로 한 『오동나무에 내리는 비』, 양갓집 도령과 규수가 사랑의 도피행각을 벌이는 엉뚱한 전말을 익살스럽게 묘사한 『담장머리에 말타고 서서』는 그의 대표작으로 꼽힌다.

『오동나무에 내리는 비』는 백거이의 장편시 「장한가」(長恨歌)를 토대로 한 작품이다. 백인보의 집안은 백거이의 후손으로 알려져 있으니까, 백인보 자신도 특별한 감개를 담아서 이 작품을 썼을 게 분명하고, 예로부터 작품에 대한 평가도 높았다. 하지만 연애 희극인 『담장머리에 말타고 서서』도 뜻밖의 전개나 등장인물의 다채로운 성격 부여 등 원곡(元曲: 원대 희곡) 특유의 발랄함이 넘쳐흘러, 우아한 『오동나무에 내리는 비』와는 맛이 다른 생생한 재미를 가진 걸작이다.

『담장머리에 말타고 서서』의 줄거리는 대충 아래와 같다.

양갓집 도령인 배소준(裴少俊)과 집안에서만 고이 자란 규중처녀 이천금(李千金)은 우연히 만나 사랑에 빠져, 절차를 밟을 여유도 없이 당장 손에 손을 잡고 사랑의 도피를 한다. 갈 곳이 없는 배소준은 이천금을 자기 집 화원의 서재에 몰래 숨겨둔다. 그렇게 7년, 두 사람 사이에 1남 1녀가 태어나지만, 그동안 배소준의 부모는 전혀 눈치를 채지 못한다. 하지만 엉뚱한 일로 이천금과 아이들의 존재를 알게 된 배소준의 아버지는 격분한 나머지 아이만 빼앗고 이천금을 내쫓아버린다. 이윽고 과거에 급제한 배소준은 친정으로 돌아간 이천금을 데리러 간다. 이천금이 양갓집 규수임을 안 소준의 아버지도 이천금을 찾아가서 사과하지만, 이천금은 손바닥 뒤집듯 달라진 그 타산적인 태도에 더욱 화가 나서 완강하게 돌아가기를 거부한다. 하지만 두 아이가 애원하자 겨우 돌아갈 마음이 나는 것으로 대단원의 막이 내린다.

우스꽝스러운 줄거리지만, 속세의 명리에 약한 속물인 배소준의 아버지와 그런 아버지의 속물성을 용납하지 않는 이천금의 의연한 이미지가 대조적으로 부각되는 등, 흥취에 넘치는 작품이다. 이천금의 완강한 저항에는 원나라 세상에 등을 돌린 백인보 자신의 심사가 담겨 있다고도 말할 수 있을 것이다.

남송이 멸망하고 원나라가 중국을 통일한 이듬해인 1280년, 백인보는 오랜 편력에 마침표를 찍고 가족과 함께 강남의 건강(建康: 장쑤성 난징시)으로 이주했다. 당시 그의 나이 쉰다섯. 그 후에도 백인보는 어디까지나 금나라 유민으로 살겠다는 자세를 허물어뜨리지 않았다. 친구가 원나라의 벼슬을 하라고 요구하자, 죽림 칠현의 하나인 혜강이 벼슬길에 오르기를 요구하는 친구 산도에게 보낸 절교장(「산거원에게 주는 절교서」)을 흉내낸 사(詞)를 보내 친구의 요구를 단호히 거절했다고 한다.

백인보는 건강으로 이주한 뒤, 죽이 맞는 친구들과 어울려 산천을 돌아다니며 강남의 아름다운 자연을 즐기거나 마음 내키는 대로 독서에 몰두하는 등, 유민 은자로서 자유로운 생활을 누렸다. 백인보가 여든한 살인 1306년까지 살아 있었던 것은 확실하고(그 이후는 알 수 없다), 그렇다면 적어도 금나라가 멸망한 뒤 72년 동안이나 어머니를 빼앗아간 몽골족의 원 왕조를 용서하지 않고 유민으로 살았다는 이야기가 된다. 정말 대단한 강골이라고 말할 수밖에 없다.

# II 오중의 사재

명대, 강남의 상업도시 소주에 출현한 문인 그룹

　15세기 말부터 16세기 전반에 걸친 명나라 중기에 강남의 상업도시 소주(蘇州)에 '오중(吳中)의 사재(四才)'라고 불리는 문인 그룹이 출현했다. 축윤명(祝允明: 1460~1526년)·당인(唐寅: 1470~1523년)·문징명(文徵明: 1470~1559년)·서정경(徐禎卿: 1479~1511년) 네 사람이다. 요절한 서정경은 제쳐놓고, 나머지 세 사람은 소주 문화의 기수로서 시(詩)·서(書)·화(畵)에 두루 눈부신 재능을 발휘하면서 자유롭고 독특한 문인 생활을 만끽했다.

　이들의 활동 무대가 된 소주는 예로부터 비단 명산지로 번영을 누렸다. 하지만 원나라 말기인 14세기 후반, 군웅이 할거한 혼란기에 소주는 명 왕조의 시조인 주원장(朱元璋)과 경쟁한 장사성(張士誠)의 근거지였기 때문에, 홍무(洪武) 원년(1368년)에 주원장이 홍무제(洪武帝: 1368~1398년 재위)로 즉위하자마자 파멸적인 공격을 받게 되었다. 주원장은 장사성을 후원한 소주의 호족이나 상인만이 아니라, 그 주위에 모인 문인들에게도 철저한 보복을 가했다.

이리하여 소주는 경제적으로나 문화적으로 일단 밑바닥까지 떨어졌지만, 소주 사람들은 이 불행한 경험을 통해 권력을 조금도 무서워하지 않는 불굴의 반골 정신을 키웠다. 명나라 중기 이후, 소주가 옛날 못지않은 번영을 되찾은 뒤에도 이 반골의 기풍은 면면히 계승되어, 사대부 지식인이면서도 관료 사회에 편입되는 것을 치사하게 여기는 문인들이 주도하는 독특한 소주 문화가 꽃을 피운다.

'오중의 사재'의 스승격인 고명한 화가 심주(沈周: 1427~1509년. 호는 석전石田)는 이런 자립한 소주 문인의 선구라고 할 만한 존재다. 심주의 집안은 대대로 소주의 재산가였지만, 심주는 83년의 생애를 통해 한 번도 벼슬길에 나가지 않고 완강하게 '시은'(市隱: 도시의 은자) 생활을 고집했다. 심주의 조상은 장사성과 인연이 깊은 무역상이어서, 명 왕조가 성립한 뒤 주원장의 배척으로 파산하고 말았다. 이 때문에 심주는 명 왕조에 뿌리깊은 반감을 품고 있어서, 도저히 벼슬길에 나갈 마음이 나지 않았던 모양이다.

조상의 뼈아픈 기억을 뇌리에 깊이 새기고 철두철미 '시은'으로 살아간 심주의 단정함에 비하면, 다음 세대에 속하는 '오중의 사재'는 모두 과거에 급제하여 관료 사회에 들어가려고 기를 쓰는 등 상당한 우여곡절과 갈등을 거친 뒤에야 '시은'으로 살

축윤명(祝允明)

기로 결심하기에 이른다.

'오중의 사재' 가운데 과거시험 때문에 가장 극적으로 인생이 바뀐 것은 당인이다. 자를 백호(伯虎: 만년에는 불교를 신봉하여 육여六如라는 호를 사용했다)라고 하는 당인은 소주의 상인 집안 출신이지만 어려서부터 총명했기 때문에, 장래를 기대한 아버지가 일찍부터 아들을 공부시켰다. 당인은 아버지의 기대에 어긋나지 않게 어린 시절부터 시·서·화에 두루 능통한 재주꾼으로 주목을 받았고, 열다섯 살 때인 성화(成化) 20년(1484년)에는 이미 유명한 서예가였던 열 살 위의 축윤명이 교제를 청해올 정도였다.

축윤명은 오른손가락이 여섯 개였기 때문에 '지산'(枝山) 또는 '지지생'(枝指生)이라는 호를 사용했다. 그의 할아버지는 과거에 급제하여 고위 관료가 되었지만, 관직에서 은퇴하여 고향 소주로 돌아온 뒤에는 '시은' 심주를 비롯한 소주의 문인들과

당인(唐寅)

교유하면서 유유자적한 생활을 했다. 축윤명의 아버지는 과거에 계속 낙방했는지, 그 행적이 확실치 않다.

어릴 적부터 심주를 비롯한 소주의 문인들이 할아버지 댁에 드나드는 것을 보면서 혜택받은 환경에서 성장한 축윤명은 다섯 살 때 이미 가로세로가 한 자나 되는 당당한 글씨를 쓰거나 한번 읽은 문장은 결코 잊지 않는 뛰어난 기억력을 발휘한 신동이었다. 하지만 이 신동은 세월이 흐르면서 차츰 향락에 빠져들어, 성인이 되었을 무렵에는 주색잡기의 삼박자를 두루 갖춘 난봉꾼이 되어 있었다.

원래 향락적인 데가 있었던 당인은 도락을 좋아하는 기인이 된 과거의 신동 축윤명(당시 스물다섯 살)과 친구가 되자마자 열다섯 살의 나이로 유곽을 뻔질나게 드나들면서 방탕한 나날을 보내게 된다. 물론 축윤명은 당인에게 방탕만 가르친 것이 아니라, 그를 소주 문인들에게 소개하고 그들의 네트워크에 끌어들

문징명(文徵明)

이는 역할도 맡아주었다.

축윤명과 알게 되었을 무렵, 당인은 또 한 명의 친구를 만난다. 역시 '오중의 사재'로 꼽히는 문징명이다. 문징명은 당인과 동갑이지만, 상인 집안에서 자란 당인과는 달리 아버지 문림(文林)은 과거에 급제한 고위 관료였다. 축윤명과 비슷한 가정 환경이다. 상인의 아들 당인과 고위 관료의 자손인 축윤명과 문징명이 격의없이 마음을 터놓고 사귀는 사이가 될 수 있었던 것도 대상업도시이자 대문화도시인 소주의 기풍 때문일 것이다.

당인과 축윤명은 조숙한 천재였던 반면, 문징명은 전형적인 대기만성형이어서 열한 살 때까지 말도 제대로 하지 못했다. 주위 사람들은 모두 그를 팔불출로 생각했지만, 아버지인 문림만은 아들에게서 번득이는 재능을 발견하고 아들이 성장하기를 기다렸다. 그 보람이 있어, 드디어 무거운 입을 연 문징명은 재기발랄한 당인과 친해진 것을 계기로 순식간에 문인적 재능을 꽃피운다. 물론 문징명은 고지식할 만큼 착실한 성격이어서, 당인이나 축윤명처럼 유곽에 드나드는 것은 생각만 해도 소름이 끼친다는 식이었다.

문징명의 아버지 문림은 아들에게 활기를 불어넣어주는 당인을 사랑하여, 자신의 인맥을 통해 시·서·화에 두루 능통한 당인의 재능을 널리 소개하고 선전해주었다.

이렇게 그를 이해해주는 사람과 좋은 친구를 얻은 덕택에 당인의 명성은 나날이 높아졌지만, 방탕도 날이 갈수록 심해졌다. 그는 열다섯 살 때부터 10여 년 동안이나 과거시험 예비학교인 부학(府學)에 다녔지만, 시험 공부는 뒷전으로 제쳐놓고 놀러만 다녔다. 축윤명도 이를 보다 못해, 열심히 시험 공부를 하든가 아니면 아예 부학을 그만두라고 엄격하게 충고했다.

이 충고에 감동한 당인은 1년 동안 한눈 팔지 않고 열심히 공부에 전념한 결과, 홍치(弘治) 11년(1498년)에 남경에서 실시된 향시(鄕試: 지방에서 치르는 과거)에 장원으로 급제했다. 향시에 장원으로 급제한 사람은 해원(解元)이라고 불린다. 당인이 당해원이라고 불리는 것은 이 때문이다. 향시 급제자는 이듬해에 수도 북경에서 실시되는 회시(會試: 중앙에서 치르는 과거)를 본다. 이 회시에 급제하여 진사가 되면 단번에 고위 관료가 될 수 있는 길이 열린다.

당인은 향시에 장원 급제했으니까 회시에도 쉽게 급제할 수 있을 거라고 누구나 믿어 의심치 않았다. 하지만 이때 터무니없는 일이 일어나 상황이 역전되고 말았다. 당인이 예기치 않

서정경(徐禎卿)

은 말썽에 휘말려 컨닝 사건 관계자로 체포된 것이다. 당인은
옥에 갇혀 엄격한 취조를 받고, 회시에서 뛰어난 성적을 거두
었는데도 낙제·실격 처분을 받고 쓸쓸히 소주로 돌아올 수밖
에 없었다.

　관료 사회에서 쫓겨난 당인은 한동안 여행을 다니면서 상처
입은 마음을 달랜 뒤, 깨끗이 마음을 정리하고 새로운 태세를
갖춘다. 소주의 도화오(桃花塢)라는 곳에 거처를 정하고, '강남
풍류 제일재자'(江南風流 第一才子)라는 인장을 만들어 글과 그
림을 팔아서 생계를 꾸리는 자립한 문인으로 살기 시작한 것이
다. 어쨌든 반골 정신에 가득 찬 소주에는 선배인 심주에서 시
작된 '시은'의 전통이 있다. 권력과 관료 사회에 등을 돌리고
'시은'이 된 당인은 소주 사람들의 열렬한 지원을 받았고, 시·
서·화의 주문이 쇄도했다. 당인은 의뢰를 받고 쓴 시를 묶어서
장부를 만들고, 그 표지에 '이시'(利市)라고 써넣었다. '이시'는

상점의 매매 장부를 뜻한다. 시를 상품으로 보는 것은 과연 상인 집안 출신다운 발상이다.

당인은 서른 살에 컨닝 사건을 겪은 뒤 가정(嘉靖) 2년(1523년)에 쉰네 살을 일기로 세상을 떠날 때까지 24년 동안 '시은' 생활을 계속했다. 그동안 글과 그림을 팔아서 생계를 꾸려나가는 한편, 축윤명과 함께 거지나 도사로 변장하여 일으킨 진기한 사건은 이루 헤아릴 수 없을 정도다. 세월이 흐르면서 그의 기행도 더욱 세련되었다. 기인의 엉뚱한 언행을 무척 좋아하는 소주 사람들은 당인의 일탈 행위를 진심으로 재미있어하고, 그것을 실제보다 과장하여 널리 퍼뜨렸다.

당인을 주인공으로 하는 이 수많은 일화를 토대로 소설과 희곡이 만들어진다. 명나라 말기에 풍몽룡(馮夢龍)이 편찬한 단편 소설집 『삼언』(三言)의 제26권 『경세통언』(警世通言)에 수록된 「당해원, 인연(姻緣)에 웃다」는 그 대표적인 작품이다. 이 작품은 강에서 뱃놀이를 하고 있을 때 엇갈린 배에 탄 미녀(어느 저택의 시녀)를 보고 첫눈에 반한 당인이 변장하고 그녀의 주인댁에 들어가 살면서 대소동을 일으킨 끝에 미녀와 맺어지는 전말을 재미있게 묘사하고 있다.

당인은 사실상 회시에 급제했는데도 터무니없는 해프닝으로 낙방당하고 관료 사회에서 탈락했지만, 이 탈락을 역이용하여 마음 내키는 대로 일탈 행위를 저지르는 '시은'으로 반평생을 보냈다. 이렇게 기발한 언행을 과시하여, 강요된 '탈락'에서 스스로 선택한 '일탈'로 삶의 궤적을 전환시켰다고 말할 수 있을 것이다.

좋든 나쁘든 당인과 과거시험은 이처럼 떼려야 뗄 수 없는 관계에 있지만, 그의 친구인 축윤명과 문징명의 경우는 어떠했을까.

연장자인 축윤명은 당인보다 한술 더 뜨는 기인이고, 남이 뭐라든 혼자 내 갈 길을 간다는 식이었지만, 이 사람도 과거시험과는 끊으려야 끊을 수 없는 깊은 인연이 있다. 애당초 축윤명은 몇 번이나 낙방을 거듭한 끝에 서른세 살 때인 홍치 5년(1492년)에야 겨우 향시에 급제하여 뒤늦게나마 회시에 응시할 자격을 얻었다. 그런데 그 다음이 좀처럼 뜻대로 되지 않았다.

회시는 3년에 한 번씩 수도 북경에서 실시되었는데, 축윤명은 서른일곱 살 때인 홍치 9년(1496년)부터 쉰다섯 살 때인 정덕(正德) 9년(1514년)까지 실시된 일곱 차례의 회시에 빠짐없이 응시했지만 번번이 낙방했다. 말할 나위도 없는 일이지만, 방탕한 생활로 시험 공부를 열심히 하지 않은 것이 가장 큰 원인이었다. 하지만 축윤명은 원래 과거용 문체인 팔고문(八股文 : 대구를 많이 사용하는 장식적인 문체)에 대해 근본적인 위화감을 갖고 있었다. 그런 사람이 과거에 도전하는 것 자체가 애당초 무리한 일이다.

그런데도 축윤명은 회시가 열리면 으레껏 도전하여 낙방을 거듭했다. 정덕 6년(1511년)에는 아들 축속(祝續)과 함께 시험을 쳐서 아들은 너끈히 급제했지만 축윤명은 또다시 낙방했다. 여섯번째 낙방이었다. 이때 축윤명은 자신의 낙방 따위는 개의

치 않고 아들이 급제한 것만 뛸듯이 기뻐했다니까, 어이없을 만큼 태평스럽다.

짐작컨대 처음 한두 번은 급제를 기대하는 마음도 있었겠지만, 그후로는 회시를 핑계로 수도 북경에 놀러 가는 가벼운 기분이었을 것이다. 회시에 급제하지 않아도 축윤명은 어엿한 소주의 명사이자 문화계의 리더였기 때문이다. 과거에 낙방하고도 태연한 축윤명의 태도에서는 과거제도 자체를 웃음거리로 삼는 대담함이 엿보인다.

축윤명은 일곱번째 낙방으로 회시 응시를 그만두고, 다른 루트로 지방 관리가 되는 길을 택했다. 그리하여 정덕 9년(1514년) 가을에 광동성 흥녕현(興寧縣)의 현령 자리를 얻어 북경에서 임지로 가지만, 풍광이 아름다운 항주에 오랫동안 머무는 등 1년 가까이 느긋한 유람 여행을 즐기다가 정덕 10년(1515년) 여름에야 겨우 흥녕현에 도착했다.

그후 정덕 15년(1520년) 봄까지 햇수로 6년 동안 흥녕현령으로 일했지만, 틈만 나면 흥녕현을 거점으로 부근의 명승지를 구경하고 다녔다. 그때까지 짧은 여행을 제외하고는 고향 소주를 떠나본 적이 없는 축윤명은 이 기회를 이용하여 타향의 경치와 풍속을 충분히 즐기려 한 것이다. 그동안 현지 여성과 관계하여 아들을 하나 낳았다니까(이 아들은 태어나자마자 죽었다고 한다), 방탕한 생활은 여전했던 모양이다.

정덕 16년(1521년), 축윤명은 응천부(應天府: 남경)의 통판(通判: 부지사)으로 영전했지만, 당장 사직하고 소주로 돌아와 다시 마음 내키는 대로 유유자적하는 문인 생활로 돌아갔다. 결국 그가 지방관이 된 것은 먼 곳에 가서 유쾌하게 살아보자는 소망을 실현하기 위한 방편에 불과했던 것이다. 소주와 가까운 남경이라면 언제든지 갈 수 있다. 일부러 답답한 관리 생활을 할 필요는 없다. 벼슬을 못해서 안달하는 사람에게는 분통터지는 이야기지만, 이렇게 축윤명은 관료제도의 가치를 깎아내리고 자신의 쾌락을 위해 그것을 이용했다. 대담무쌍하다고 말할 수밖에 없다. 축윤명은 소주로 돌아온 지 5년 뒤인 가정 5년(1526년)에 세상을 떠났다. 그의 나이 예순일곱. 친구 당인이 세상을 떠난 지 3년 뒤의 일이었다.

회시에 사실상 합격한 당인은 물론, 회시에 일곱 번이나 낙방한 축윤명도 전단계인 향시에는 너끈히 합격했다. 그런데 대기만성형인 문징명은 스물여섯 살 때부터 쉰세 살 때까지 무려 아홉 번이나 향시에 낙방하여, 끝내 회시 응시 자격을 얻지 못했다. 고지식하고 약삭빠르지 못한 사람이었기 때문에 과거시험의 테크닉을 아무래도 이해할 수 없었을 것이다.

그렇긴 하지만 소주의 문인 문징명의 명성은 이미 천하에 널리 알려져 있었기 때문에, 그가 쉰네 살 때인 가정 2년(1523년)에 다른 루트로 추천을 받아 우수한 학자들이 모이는 한림원(翰林院: 천자의 조칙을 작성하는 일을 담당하는 부서)에 들어갔다. 관직 경력이 전혀 없는 사람으로서는 파격적인 우대를 받은 셈이지만, 동료들과 파장이 맞지 않아서 가정 5년에 깨끗이 사직하고 고향 소주로 돌아왔다. 재직 기간은 겨우 3년이었다.

자기는 관료 사회에 어울리지 않는 사람임을 뼈저리게 깨달은 문징명은 아흔 살 때인 가정 38년(1559년)에 생애를 마칠 때까지 당인과 축윤명이 죽은 뒤의 소주 문화를 떠받치는 거물로 계속 막대한 영향력을 발휘했다.

　'오중의 사재'로 꼽히는 축윤명과 당인과 문징명은 과거시험과의 처절한 격투를 거쳐 마침내 사대부 지식인의 속성이라고 해야 할 관료 지향의 속박에서 벗어나, 자립과 자유를 찾는 '시은' 문인으로 생애를 마쳤다. 그들 가운데 가장 극적인 체험을 한 당인은 이 세상을 하직할 때 남긴 시에서 이렇게 노래하고 있다.

　　살아서 이승에 있어도 언젠가는 끝이 오는 법
　　죽어서 저승으로 돌아가는 것도 어찌 좋지 않으랴
　　이승도 저승도 비슷한 것
　　단지 표류하여 타향에 있는 것과 같으리니

　관료제도가 사회 구석구석까지 침투한 전통 중국. 그 견고한 가치관에 온몸으로 이의를 외치며 표류를 계속한 '오중의 사재'의 각오가 얼마나 단단했는지를 엿보여주는 작품이다.

# *12* 서위

애처가 죽은 뒤, 천재가 현세에 번롱당하여 광기에 이르기까지

앞장에서 다룬 '오중의 사재'를 시작으로 명나라 중기 이후 중국 문인들 사이에 사회적으로 의미있는 존재가 되어야 한다는 종래의 사대부 지식인상에 반발하여 좀더 자유롭게 자신의 삶을 즐기려는 경향이 강해진다. 16세기 후반부터 17세기 전반에 걸친 명나라 말기에는 이런 경향이 더욱 과격해져서, 서화·골동·연극·정원 등의 문인 취미에 몰두하는 엉뚱한 기인이나 괴짜가 속출하기에 이른다.

자를 문장(文長)이라 하는 서위(徐渭: 1521~1593년)는 이런 괴팍한 명나라 말기 문인의 선구적 존재로서 동경의 대상이 된 인물이다. 그는 다양한 재능을 타고난 뛰어난 시인이자 극작가인 동시에 일류 서화가이기도 했다. 하지만 그는 이른바 광기의 천재여서, 광기의 발작에 시달리며 참으로 극적인 생애를 보냈다.

서위는 정덕 16년(1521년) 2월 소흥부(紹興府) 산음현(山陰縣: 저장성)에서 태어났다. 그가 태어날 무렵, 아버지 서총(徐鏓)은 과거에 급제한 진사 출신은 아니었지만 오랫동안 사천성에서 지방관을 지내면서 상당한 재산을 모은 뒤 퇴직하고 고향 소흥에 돌아와 집을 짓고 유유자적한 생활을 하고 있었다. 서위는 서총의 본처인 묘의인(苗宜人)의 아들이 아니라 묘의인의 몸종이 낳은 아들이었다. 게다가 묘의인은 후처였고, 서위가 태어났을 때 서총에게는 이미 성인이 된 전처 소생의 두 아들이 있었다.

서위가 태어난 다음 달, 명 왕조 제11대 황제인 정덕제(1505∼1521년 재위)가 죽었다. 명 왕조에서는 갈수록 황제의 자질이 떨어지는데, 색골인 정덕제는 그런 방탕 천자의 선두에 선 인물이었다. 정덕제가 죽은 뒤, 제12대 황제가 된 가정제(嘉靖帝: 1521∼1566년 재위)는 정치적 감각이 전혀 없는데다 도교 광신자였다. 방탕 황제에서 도교 광신자 황제한테로 제위가 넘어가면서 명 왕조의 형세는 점점 불온해지지만, 물론 이것은 갓 태어난 서위와는 관계없는 일이었다. 그보다 서위의 앞날에 결정적인 타격을 준 것은 생후 100일도 지나기 전에 아버지 서총이 병사한 것이다.

서총이 죽은 뒤, 본처 묘의인은 서위를 친자식처럼 사랑하여 일찍부터 정통적인 교양을 갖추게 해주었고, 배다른 두 형도 나이 차이가 많이 나는 막내동생을 귀여워해주었다. 서위가 어렸을 때, 공부를 못하는 맏형 서회(徐淮)는 장사꾼이 되어 각지를

서위(徐渭)

돌아다녔고, 작은형 서로(徐潞)는 향시(지방에서 치르는 과거)에 급제하지 못해서 무거(武擧: 무관 채용 시험) 급제를 목표로 삼고 있었다.

태어나자마자 아버지를 여의긴 했지만, 이렇게 서위는 일단 혜택받은 소년 시절을 보냈고, 아버지가 남긴 서재인 '청등서옥'(青藤書屋: 나중에 서위는 이 서재의 이름을 따서 자신의 호를 청등도사라고 지었다)에서 책을 읽고 시를 짓는 것이 일과였다.

서위는 이른바 신동이어서, 열 살 때 그의 평판을 들은 지방 장관에게 불려가 장관이 내준 글제에 따라 그 자리에서 당장 팔고문(八股文: 과거용의 장식적인 문체)을 지어 보였다는 일화도 있다. 어렸을 때 팔고문의 명수였던 서위가 과거(향시)에 급제하지 못한 것은 이해할 수 없는 일이다. 어쩌면 성장하면서 독자적인 문체를 만들어냈기 때문에, 자질구레한 규칙에 얽매인 팔고문 따위는 시시해서 쓸 수 없게 되었는지도 모른다.

순조로운 시절은 오래 계속되지 않았다. 서위가 열 살 무렵인 가정 9년(1530년)부터 서씨 집안이 급속히 몰락하여, 그렇게 많던 하인도 거의 다 정리되었다. 이때 서위의 생모도 다른 집으로 팔려버린다. 그녀는 묘의인에게 딸린 몸종이었다고는 하지만 노예나 다름없는 신분이었다. 아무리 묘의인이 친자식처럼 사랑해주었다 해도, 이렇게 생모와 헤어진 것은 서위의 마음에 깊은 상처로 남았다.

서위가 열네 살 때 묘의인이 세상을 떠났다. 하지만 맏형 서회가 서위를 친자식처럼 돌봐주었기 때문에 서위는 공부를 계속할 수 있었다. 그리하여 열일곱 살 때인 가정 16년(1537년)에 동시(童試: 향시의 예비시험)에 응시하지만 어이없이 낙방했다. 3년 뒤에 다시 도전했지만, 또다시 낙방하고 만다.

화가 난 서위는 시험관에게 장문의 직소장을 제출했는데, 이 것이 너무나 명문이어서 이례적으로 동시 재시험 허가가 떨어 졌고, 이번에는 다행히 급제했다. 이것으로 응시 자격이 생겼기 때문에, 같은해 향시에 도전했지만 또다시 낙방했다. 이를 시작 으로 마흔한 살 때인 가정 40년(1561년)까지 도합 여덟 번이나 향시에 계속 낙방한다. 명 왕조 이후에는 서위처럼 이채롭고 개 성적인 문인은 좀처럼 과거에 급제하지 못했다.

처음 향시에 실패했을 때 서위는 이미 스무 살이었다. 언제까 지나 형의 신세를 질 수는 없는 나이였다. 그럴 때 서위의 글재 주가 뛰어나다는 평판을 들은 반극경(潘克敬)이라는 인물한테 서 그를 사위로 삼고 싶다는 청혼이 들어왔다. 가난해서 결혼 자금도 없는 서위는 반씨 집안에 데릴사위로 들어가게 되어, 광 동성 양강현(陽江縣)의 전사(典史: 현령의 속관)가 된 반극경을 따라 양강현으로 이주했다. 서위와 반극경의 딸 반사(潘似)는 가정 20년(1541년)에 양강현에 도착한 뒤 정식으로 혼례를 치 렀다. 두 사람은 잘 어울리는 부부였다. 총명하고 아름다운 반 사는 편벽한 서위를 잘 이해해주었고, 가정 24년(1545년)에 맏 아들 서매(徐枚)가 태어나면서 서위는 난생 처음으로 사랑하는 사람과 함께 사는 기쁨을 맛보았다.

그런데 서위는 결혼한 뒤 장인 반극경한테 경제적 도움을 받으면서 두 번 향시를 치렀지만 난처하게도 번번이 낙방했다. 게다가 서매가 태어난 직후 맏형 서회가 죽고(작은형 서로는 서위가 결혼할 무렵에 사망), 아버지가 물려준 집도 남의 손에 넘어가버린다. 서회는 장사꾼인데도 경제에 어둡고 도교에 심취하여 연단술(煉丹術: 불로불사의 선약인 '금단'을 만드는 기술)에 몰두하는 등 어딘가 이상한 데가 있었고, 남에게 속아서 얼마 남지 않은 재산마저 날려버렸다.

서위는 사랑하는 아내를 얻었지만, 향시에 계속 낙방한데다 두 형을 잃고 돌아갈 집조차 없는 신세가 되어버렸다. 어지간히 불운한 팔자를 타고났는지, 곧이어 서위에게 새로운 불행이 닥쳐와 그를 완전히 좌절시킨다. 가정 25년(1546년)에 장인 반극경이 전임하게 되어 온 가족을 이끌고 소흥으로 돌아오자마자, 서위의 아내 반사가 결핵에 걸려 열아홉 살의 젊은 나이에 덜컥 죽어버린 것이다. 이때 서위는 스물여섯 살이었다. 행복한 결혼생활은 겨우 5년 만에 끝나버렸다. 반사의 죽음을 애도하여 쓴 「망처반묘지명」(亡妻潘墓誌銘)에서 서위는 이렇게 말하고 있다.

삶은 짧지만 죽음은 길도다. 그대여, 송백(松柏) 밑에서 나를 기다려주오.

세월이 흐르면서 서위의 마음속에서 반사의 이미지는 점점 미화되고 이상화되어갔다. 반사가 죽은 지 10년 뒤, 반사의 친정에서 10주기 기념으로 반사가 생전에 입었던 적삼을 아들 서매에게 보내왔다. 서위는 이것을 보고 감동하여 「내자망십년」(內子亡十年)이라는 제목의 칠언절구를 지었다.

> 황금빛 가는 띠에 묶인 쪽빛 적삼은 상기도 따뜻하고
> 소매 주름에는 밥상 들었던 흔적이 남아 있네.
> 궤를 열고 보니 어느새 두 눈에 눈물이 넘쳐흐르네.
> 정원 가득 눈이 쌓이고, 등불 하나 희미하게 켜져 있네.

죽은 아내를 그리워하는 마음이 너무 강해서, 서위는 그후 평생 동안 여자 문제에서는 계속 실패를 거듭했다. 만나는 여자마다 하나같이 좋지 않았다는 불운도 겹쳐서 서위는 여자를 철저히 불신하게 되었고, 결국 이것이 큰 사건을 일으키는 원인이 되었다. 반사가 살아 있었다면 그의 인생은 아마 전혀 다른 방향으로 전개되었을 것이다.

반사가 죽은 직후, 서위는 갓난 서매를 데리고 반씨 집안을 나왔다. 생가는 이미 남의 손에 넘어갔기 때문에 그는 셋집에 글방을 차려 생계를 꾸리기로 했다. 가정 28년(1549년), 생활도 어느 정도 안정되고 경제적 여유가 생기자(향시에는 여전히 낙방하고 있었지만), 다른 집에 팔려간 생모를 사서 같이 살기 시작했다.

어린 아들 서매는 생모가 돌보아주게 되었다. 그리하여 겨우 평온한 생활이 시작된 찰나, 세간에 물의를 일으킨 사건이 발생한다. 생모를 데려올 무렵 서위는 호씨(胡氏)라는 여자를 사서

첩으로 삼았는데, 이 여자가 생모를 학대했기 때문에 다른 집에 팔아 넘겼더니 계약을 위반했다는 이유로 서위를 고소한 것이다. 아무리 인신매매가 관례처럼 되어버린 시대라고는 하지만, 생모의 경우를 생각해보아도 여자를 이런 식으로 취급한 것 자체가 서위의 실수였다. 넌더리가 난 서위는 그후 두번 다시 첩을 두지 않았지만, 이 사건이 그의 고질병 같은 여성 불신의 시초가 되었다.

그후 서위는 몇 년 동안 글방을 열어 생계를 꾸리면서 시를 짓는 일에 몰두했지만, 이윽고 커다란 전기가 찾아온다. 가정 32년(1553년), 왜구(倭寇)가 맹위를 떨치며 소흥으로 쳐들어오자 서위는 자진해서 토벌군에 가담하여 용감하게 싸웠다. 이렇게 몇 년간 간헐적으로 왜구 토벌전에 참가하는 동안, 명나라 군대 총독(사령관)인 호종헌(胡宗憲)의 눈에 띄어 그의 참모로 발탁된다. 호종헌은 서위의 글재주를 높이 평가하여, 상주문 초안을 비롯한 문서 작성을 그에게 맡겼다. 뿐만 아니라 왜구 토벌 작전에 대해서도 서위를 신뢰하여, 그의 의견에 진지하게 귀를 기울여주었다.

서위가 호종헌의 참모로 일한 것은 가정 37년부터 41년까지 햇수로 5년, 그의 나이 서른여덟 살 때부터 마흔두 살까지였다. 그동안 서위는 호종헌의 후대를 받으며, 공적으로나 사적으로 충실한 나날을 보냈다. 호종헌과 함께 각지를 돌아다니며 싸우고, 한가할 때는 창작에 힘써 '사성원'(四聲猿)으로 총칭되는 4편의 희곡을 쓰기도 했다. 또한 호종원에게 받은 막대한 포상금으로 소흥 시내에 '수자당'(醉字堂)이라는 저택을 지어, 드디어 자택을 가질 수 있었다.

그저 좋은 일뿐인 생활도 끝나는 날이 왔다. 가정 41년(1562년), 중앙에서 정변이 일어나 호종헌도 누명을 쓰고 옥에 갇혔다. 서위는 일자리를 잃어버렸다. 호종헌을 위해 많은 글을 쓴 서위는 이 무렵부터 정신이 불안정해져서, 수도에 올라가 다른 사람의 참모가 되지만 오래 계속하지 못하고 자주 자살을 기도하게 된다. 그 방법도 송곳이나 못으로 귀를 찌르는, 상궤에서 벗어난 참혹한 것이었다.

서위가 마흔여섯 살 때인 가정 45년(1566년), 드디어 광기가 발작하여 큰 사건을 일으킨다. 5년 전에 결혼하여 이미 자식까지 낳은 아내 장씨(張氏)를 살해한 것이다. 진위는 확실치 않지만, 아내의 불륜을 의심한 끝에 저지른 범행이었다. 사실 서위는 장씨를 아내로 맞기 전인 가정 38년(1559년)에 왕씨(王氏)라는 여자와 결혼했다가 곧 이혼한 적이 있다. 서위는 직접 쓴 연보인 「기보」(畸譜)에서 이 왕씨를 일컬어 "천박하기 이를 데 없다"고 내뱉듯이 말했지만, 도무지 어떻게 할 도리가 없을 만큼 음탕한 여자였던 모양이다. 앞에서 말한 첩 호씨와 두번째 아내 왕씨로 불행한 관계가 이어지면서 여자에 대한 불신이 더욱 심해져, 마침내 폭발했을 것이다.

서위는 체포되어 융경(隆慶) 6년(1572년) 말에 보석으로 풀려날 때까지 6년 동안 옥에 갇혀 있었다. 아내 살해는 본래 사형에 처해지는 중죄지만, 명나라 말기의 고명한 문인인 장대(張

伷)의 고조부이자 고위 관료였던 장천복(張天復)을 비롯한 많은 친구와 친지들이 분주하게 뛰어다닌 덕분에 광기의 발작으로 인정되어 사형을 면했다.

감옥은 물론 환경이 열악했지만, 감옥에 오래 갇혀 있는 동안 서위는 마음의 평정을 되찾았고, 어느 정도 자유가 허용되자 부지런히 시를 짓고 글을 썼다. 이상하게도 죄수인 서위에게 시를 지어달라거나 글을 써달라는 주문이 계속 들어온 것이다. 본격적으로 그림을 그리기 시작한 것도 옥중에서였는데, 물감이 없어서 먹만으로 그린 것이 많다. 그 중에서도 옥중 작품으로 전해지는 「묵포도도축」(墨葡萄圖軸)은 보는 사람을 전율케 하는 어두운 광기와 열정을 띤 자유분방한 붓놀림으로 검은 포도를 묘사한 걸작이다. 옥중에서 태어난 서위의 그림은 후세의 문인 화가들에게 헤아릴 수 없을 만큼 큰 영향을 주었다.

융경 6년 말, 서위는 친구이자 후원자인 장천복 등의 노력으로 석방되었다. 당시 그의 나이 쉰두 살. 출옥하자마자 새해를 맞아, 연호가 만력(万曆)으로 바뀌었다. 그후 약 반세기 동안 제위를 차지한 만력제(万曆帝: 1572~1620년 재위) 시대가 정식으로 시작된 것이다. 만력제도 무능하기 짝이 없는 황제여서, 명나라는 멸망을 향해 눈사태처럼 굴러 떨어진다.

그거야 어쨌든, 서위는 겨우 자유의 몸이 되었지만 생모는 이미 세상을 떠나고 새로 지은 집도 남의 손에 넘어가버린 형편이어서 당장 살길을 찾아야 했다. 당연한 일이지만 향시 응시 자격은 이미 박탈당했기 때문에 글과 그림을 팔아서 생계를 꾸릴

「묵포도도축」(墨葡萄圖軸)

수밖에 없다. 하지만 믿고 의지했던 후원자 장천복마저 곧 세상을 떠나고 말았다. 서위는 쉰여섯 살 때인 만력 4년(1576년)에 북경 북서쪽에 있는 선부진(宣府鎭)의 사령관 오태(吳兌)의 참모가 되기도 하고, 북경의 고위 관료인 장천복의 아들 장원변(張元沐)에게 몸을 의탁하기도 하고, 다시 다른 사령관의 참모가 되기도 하는 등, 몇 년 동안 이따금 광기의 발작에 시달리면서 각지를 전전했다.

서위가 소흥으로 완전히 돌아온 것은 만력 10년(1582년), 그의 나이 예순두 살 때였다. 셋집에 살면서 주문에 따라 시나 서화를 제작하고, 세상과 인연을 끊고 마음이 맞는 친구나 그를 흠모하는 젊은 제자하고만 교제하는 은자 생활을 시작한 것도 이 무렵부터다. 글과 그림을 팔아서 생계를 꾸렸다고는 하지만, 당시에는 돈이 아니라 쌀이나 술 같은 현물로 사례하는 것이 보통이었다. 서위는 게를 유난히 좋아했기 때문에, 오로지 게를 사례로 받고 싶어서 일한 적도 있었던 모양이다. 이래서는 정상적인 생활은 도저히 바랄 수 없고, 나이가 들수록 살림은 점점 쪼들리게 되었다.

게다가 사랑하는 아내 반씨가 낳은 맏아들 서매는 불초자식이어서, 소흥에 돌아온 직후에는 함께 살았지만 아버지와 아들 사이에 다툼이 끊이지 않아 곧 별거하게 되었다. 반면에 서위가 죽인 장씨가 낳은 둘째아들 서지(徐枳)는 다행히 상냥한 성격이었다. 서지는 만력 14년(1586년)에 왕씨 집안에 데릴사위로 들어가지만, 3년 뒤 노쇠한 아버지를 혼자 남겨둘 수 없다면서 왕씨 집에서 함께 살 수 있도록 주선해주었다.

서지가 아버지처럼 참모가 되어 북쪽으로 떠난 뒤에도 갈 곳 없는 서위는 왕씨 집에 몸을 의탁하고 있다가, 만력 21년(1593년)에 일흔세 살을 일기로 세상을 떠났다. 파란만장한 생애를 마치고, 서위는 드디어 '송백 아래'에서 기다리는 반씨 곁으로 갈 수 있었다.

서위는 직접 쓴 연보에 「기보」라는 표제를 붙였듯이, 사회적 장식의 척도로는 헤아릴 수 없는 괴팍한 '기인'(畸人)이었다. 이 기인은 살아가기 위해 온갖 고생을 겪고 좌절을 거듭한 끝에 노인이 된 뒤에야 겨우 고향 소흥으로 돌아와 은둔 생활을 시작할 수 있었다. 얼핏 보기에는 아무 낙도 없는 쓸쓸하고 암울한 만년처럼 보이지만, 늙은 기인 은자로서 보낸 이 만년이 서위에게는 가장 평온한 시절이었는지도 모른다.

# 13 서하객

어머니의 보살핌 아래 산천과 비경을 신들린 듯이 돌아다닌 여행가

16세기 중엽에서 17세기 중엽에 이르는 명나라 말기는 무능한 황제가 잇따르고 그 틈을 타서 사악한 환관이 발호하는 등, 정치적 혼란이 갈수록 심해진 시대였다. 하지만 이와는 반대로 상업과 수공업은 눈에 띄게 발전하여, 도시가 유례없는 번영을 누리고 경제와 사회 체제가 크게 변화한다. 이런 상황에서는 사람들의 의식도 달라지기 시작하고, 사물을 분석적·합리적으로 파악하려는 뛰어난 과학자도 잇따라 탄생했다.

중국 본초학(약학)을 집대성하여 약학 백과사전인 『본초강목』(本草綱目)을 쓴 이시진(李時珍: 1518~1593년), 중국 농정학을 집대성하여 『농정전서』(農政全書)를 쓴 서광계(徐光啓: 1562 ~1633년), 과학기술서인 『천공개물』(天工開物)을 쓴 송응성(宋應星: 1587~?), 심산유곡을 샅샅이 탐험하고 그것을 상세히 기록한 『서하객유기』(徐霞客遊記)를 쓴 여행가 겸 탐험가이자 지

리학자인 서하객(徐霞客: 1586~1641년). 이들 네 사람은 그런 명나라 말기 과학자의 대표적 존재다.

이들 가운데 30여 년 동안 중국 각지의 수많은 산천을 탐험하여 지행선인(地行仙人)이라는 별명을 얻은 서하객(본명은 굉조宏祖. 하객은 호)이 그린 삶의 궤적은 그야말로 전대미문의 것이었다.

서하객은 만력 14년(1586년)에 강음현(江陰縣: 장쑤성)의 부잣집에서 태어났다. 그의 고조부인 서경(徐經)은 불명예스러운 사건으로 유명해진 인물이었다. 앞장에서 다룬 '오중의 사재' 가운데 하나인 당인은 모처럼 향시에 장원으로 급제하고도 회시(중앙에서 치르는 과거)에서 컨닝 사건에 말려들어 관료 사회에서 추방되었는데, 서하객의 고조부 서경이 바로 그 컨닝 사건의 중심 인물이었다. 서경에게 걸린 혐의는 돈으로 시험 문제를 입수하여 아는 사이인 당인에게 넘겨주고 답안을 만들게 했다는 것이었다. 이 사건으로 서경은 옥에 갇혔다가 얼마 후 석방되었지만, 과거 응시 자격을 영구 박탈당하고 울적한 나날을 보내다가 곧 생애를 마쳤다.

이 사건이 일어난 뒤에도 강음현의 부호인 서씨 집안의 막대한 토지와 재산은 그대로 자손에게 대물림되었다. 서하객이 많은 비용이 드는 장거리 여행을 자기 부담으로 해낼 수 있었던 것도 물론 조상 대대로 내려온 이런 재력 덕분이었다.

다만 서경 사건은 직계 자손에게 관료 사회와 관료 제도에 대한 뿌리 깊은 불신을 심어준 듯, 서경의 증손자인 서하객의 아버지 서유면(徐有勉)도 관료를 몹시 싫어했다. 서유면은 과거시험에는 눈길도 주지 않고, 넓은 소유지를 착실히 관리하면서 틈틈이 인근의 명승지를 돌아다니는 것을 낙으로 삼았다. 서하객은 이런 서유면과 그의 좋은 반려자인 왕씨(王氏)의 둘째아들로 태어났다. 당시 부모는 둘 다 마흔한 살이었고, 친형인 서굉조(徐宏祚)는 이미 스무 살이었다고 한다.

늦둥이로 태어나 부모의 사랑을 한몸에 받으며 자란 서하객은 매우 총명하고 독서를 좋아했다. 서씨 집안에는 조상 대대로 내려오는 많은 장서가 보관된 '만권루'(萬卷樓)라는 사설 도서관이 있어서, 서하객의 독서 수준은 계속 높아졌다. 물론 글방에도 다녔지만, 틀에 박힌 '사서오경'은 도무지 적성에 맞지 않아서 수업 중에도 교과서 밑에 지리서를 숨겨놓고 탐독했다고 한다. 이런 식이었기 때문에, 열다섯 살 때 아버지의 분부로 동시(童試)에 응시했지만 어이없이 낙방했다. 그러자 아버지도 과거시험은 아들의 적성에 맞지 않는다고 깨끗이 체념했고, 그후로는 서하객이 자기 뜻대로 독서 삼매경에 빠져 세월을 보내게 내버려두었다.

아버지 서유면이 관료를 싫어하면서도 아들을 벼슬길로 내보내려 한 데에는 이유가 있었다. 관료나 관청과 관계를 갖는 것을 기피했기 때문에 서씨 집안은 강도의 좋은 표적이 되어 자주 피해를 입었다. 서하객이 열아홉 살 때인 만력 32년(1604년)에 아버지 서유면은 세상을 떠났는데, 그것도 강도에게 습격당했을 때 입은 부상이 원인이었다. 관료를 싫어한 탓에 목숨까지 잃은 셈이다.

아버지를 여읜 뒤 서하객을 뒷받침해준 것은 어머니 왕씨였다. 강음의 서씨 집안에는 대대로 재산 분배 방식이 확립되어 있어서, 서유면이 죽은 뒤에도 형과 서하객이 유산을 나누어 가졌다. 왕씨는 나이어린 서하객과 함께 살면서 아들을 대신하여 집안을 잘 꾸려나갔다. 왕씨는 보기 드물 만큼 인습에 얽매이지 않은 자유로운 정신을 가진 여성이어서, 세상일에 무관심하고 산을 돌아다니는 데에만 흥미를 보이는 서하객을 잘 이해해주고 아들의 등을 떠밀어 넓은 세계로 내보냈다.

서하객은 스물두 살 때인 만력 35년(1607년)에 결혼했는데, 아내 허씨(許氏)와는 궁합이 맞아서 금실이 아주 좋았다. 하지만 행복한 신혼생활을 하면서도 그는 여행에 대한 갈망을 억누르지 못했다. 그런 아들을 보다 못한 왕씨가 "천하 사방을 지향하는 것은 사나이로서 당연한 일"이라면서 원유관(遠游冠: 여행용 모자)을 만들어주고 아들을 내보냈다고 한다.

이때부터 죽을 때까지 34년 동안 서하객은 싫증도 내지 않고 여행을 계속했다. 어머니가 살아 계실 때는 태호(太湖)의 동서에 있는 동정산(洞庭山: 장쑤성) · 태산(泰山: 산둥성) · 천태산(天台山: 저장성) · 황산(黃山: 안후이성) · 여산(盧山: 장시성) · 숭산(嵩山: 허난성) 등의 명산을 탐방하는 데 역점을 두고 정기적으로 고향에 돌아가는 것이 보통이었다.

명산 탐방이라 해도 서하객의 경우는 '관광 유람'과는 근본적으로 달랐다. 벼랑을 기어올라 사람의 발길이 닿지 않은 봉우

霞客先生遺像
咸豊壬子夏日吳儁摹

서하객(徐霞客)

리에 도달하거나 호수와 폭포의 수원지를 찾아 산 속 깊이 들어 가는 등, 그의 행태는 등산가나 탐험가와 똑같았다. 건장하고 운동신경이 뛰어난 서하객은 원숭이처럼 민첩하게 길도 없는 길을 가고, 고생 끝에 절경을 만나면 피로를 잊고 기쁨에 잠겼 다. 그는 처음 여행을 시작했을 때부터 만년에 이르기까지 자기 가 보고 들은 것을 자세히 기록한 여행기를 썼다. 이것이 지금 까지 전해지는 『서하객유기』다.

서하객이 여행을 시작한 지 10년 뒤인 만력 45년(1617년), 아 내 허씨가 아직 세 살밖에 안된 맏아들 서기(徐屺)를 남겨놓고 세상을 떠났다. 당시 서하객의 나이 서른둘이었다. 왕씨는 어머 니를 잃은 어린 손자를 도맡아 기르면서, 여행에 홀린 서하객을 당차게 내보내고 집을 지켰다. 서하객은 그런 어머니를 깊이 사 랑하여, 태창(泰昌) 원년(1620년)에 어머니를 위해 '청산당'(晴 山堂)이라는 별채를 짓고 조상이 남긴 시를 돌에 새겨 여기에 진열했다.

천계(天啓) 4년(1624년), 왕씨가 여든 살이 된 것을 계기로 서 하객은 여행을 그만두려 했다. 하지만 왕씨는 "나는 건강하다. 못 믿겠으면 너와 함께 여행을 가도 좋다"면서 실제로 서하객과 함께 인근의 명승지인 형계(荊溪)와 구곡(勾曲)으로 여행을 갔 는데, 씩씩한 걸음걸이로 아들보다 앞서 걸었다.

서하객은 어머니의 장수와 건강을 기원하여 어머니가 베를 짜는 모습을 화가에게 그리게 하고, 「추포신기도」(秋圃晨機圖) 라고 불리는 이 그림에 곁들일 글을 친구인 문진맹(文震孟:

1574~1636년)을 비롯한 이름난 문인들에게 의뢰하여 그것을 모두 돌에 새겨서 '청산당'에 진열했다. 다음에 인용한 진계유 (陳繼儒)의 문장은 그 중 하나인데, 여기에는 어린 손자를 애지 중지하면서 건강한 나날을 보내는 왕씨의 모습이 선명하게 묘 사되어 있다.

　　서하객의 어머니는 달리 이렇다 할 취미는 없지만, 밭일과 길쌈을 좋아했다. 또한 까치콩 심기를 좋아하여, 물을 주고 가지치기를 한 뒤 시렁을 만들어 덩굴이 그것을 타고 기어가 게 하고, 시렁 가득 덩굴이 퍼져 아래로 늘어지게 했다. 까치 콩 시렁이 녹음을 만들 무렵이면 어머니는 베틀을 시렁 밑으 로 옮겨놓았다. 콩이 열매를 맺으면 바구니에 가득 따서 친척 들에게 나누어주고, 남은 콩은 손자에게 먹였다.

　하지만 서하객의 기원도 헛되이, 이듬해인 천계 5년(1625년) 에 왕씨는 세상을 떠났다. 어머니를 여읜 서하객은 이때 이미 마흔 살이 되어 있었지만 어린애처럼 엉엉 울었다고 한다. 어머 니가 돌아가신 뒤 여행과 탐험에 대한 서하객의 열정은 점점 강 해져서, 한번 집을 떠나면 오랫동안 돌아오지 않는 일이 많아졌 다. 서하객은 허씨가 죽은 이듬해 나씨(羅氏)와 재혼하여 두 아 들을 낳았고, 김씨(金氏)라는 첩과의 사이에도 아들을 셋이나 낳았다. 하지만 처자식 때문에 여행으로 치닫는 마음을 억제할 수는 없었다.

서하객은 숭정(崇禎) 원년(1628년)부터 6년(1633년)까지 천태산·안탕산(雁宕山: 저장성)·오대산(五臺山: 산시성)·항산(恒山: 허베이성) 등 남북의 명산들을 두루 편력한 뒤, 더욱 힘든 여행에 나설 결심을 굳힌다. 지금까지 아무도 발을 들여놓지 않은 중국 서남부의 검(黔: 후난성 서부에서 구이저우성 동부)에서 전(滇: 윈난성)까지 뻗어 있는 산들을 탐사하기로 결심한 것이다. 이때 서하객은 이미 쉰 살이 넘었고, 맏아들 서기와 둘째아들 서현(徐峴)은 가정을 꾸려 손자까지 있었다. 서하객은 자주 집을 비웠지만 서씨 집안은 끄떡도 하지 않고 여전히 강음현 최고의 부호 집안으로 번영을 누리고 있었다. 그런데 뭐가 부족해서 그 나이에 위험한 변경에 들어가 고생을 사서 할 필요가 있느냐고 가족과 친구들은 강력히 반대했다.

하지만 숭정 9년(1636년) 가을, 서하객은 반대를 뿌리치고 친구인 정문화상(靜聞和尙)과 고복(顧僕: 고씨라는 성을 가진 하인)과 함께 염원하던 여행길에 올랐다. 당시 그의 나이 쉰한 살. 정문화상이 동행한 것은 자신의 피로 쓴 『법화경』을 계족산(鷄足山: 윈난성)의 실단사(悉檀寺)에 봉납하기 위해서였다. 그후 병에 걸려 숭정 13년(1640년)에 고향으로 돌아올 때까지 서하객은 절(浙: 저장성)·월(粤: 푸젠성)·검·전 등 중국 서남부의 깊은 산중에 들어가 산맥의 경로와 강의 수원지, 석회암 동굴을 탐험하는 데 열중했고, 그 전말을 『서하객유기』에 자세히 기록했다.

『서하객유기』는 상당 부분이 사라졌지만, 지금 남아 있는 부분만으로도 방대한 분량에 이른다. 지금 남아 있는 부분의 90퍼센트는 이 만년의 여행 기록으로 채워져 있는데, 거기에는 현지 조사로 얻은 자세한 자료도 적혀 있다. 걸음 수 등으로 잰 서하객의 자료는 아주 정확해서, 현대의 정교한 계측기기로 측정한 결과와 대개 일치한다고 한다.

그거야 어쨌든, 기운차게 출발하긴 했지만 서하객 일행의 여행은 좀처럼 순조롭게 진행되지 않았다. 당시 변경 지방은 특히 어수선해서 여행자가 강도에게 습격당하는 일이 일상다반사였다. 숭정 10년(1637년) 정월, 서하객 일행은 배를 타고 신당(新塘: 허난성)으로 가는 길에 산적을 만나 가진 것을 몽땅 털리고, 정문화상과 고복은 중상을 입었다. 이 상처 때문에 정문화상은 같은해 9월 서하객에게 유골을 계족산에 묻고 자기 피로 쓴 『법화경』을 봉납해달라는 유언을 남기고 세상을 떠났다.

서하객은 둘도 없는 친구 정문화상의 죽음에 깊은 충격을 받았지만, 마음을 다잡고 정문화상의 유골과 『법화경』을 짊어진 채 변경으로의 여행을 계속했다. 서하객이 마침내 계족산에 이르러 정문화상의 유골과 『법화경』을 봉납한 것은 정문화상이 죽은 지 1년이 넘은 숭정 11년(1638년) 말이었다. 그동안 날마다 험한 산길을 걷고, 때로는 눈보라가 휘몰아치는 산 속에서 굶주림을 견디며 노숙하는 한계 상황 속에서 탐사를 계속했다. 그런 서하객을 계속 뒷받침해준 것은 고복이었다.

하지만 정문화상이 죽은 뒤 서하객에게 하인이라기보다 둘도 없는 동반자였던 고복이 숭정 12년(1639년)에 터무니없는 사건을 일으킨다. 서하객은 당시 계족산의 실단사를 기지로 삼아 인근의 산들을 조사하고 있었는데, 그가 산에 들어가 있는 동안 고복이 절에 놓아둔 주인의 돈을 갖고 달아난 것이다. 실단사 승려의 연락을 받은 서하객은 고복을 뒤쫓지 말고 떠나게 내버려두라고 부탁했다. 낙담한 서하객은 그때의 심정을 이렇게 기록하고 있다.

고향을 떠난 지 3년, 고복은 그림자처럼 내 곁에 바싹 붙어 있었다. 하지만 갑자기 고복은 나를 만리 타향에 혼자 놓아두고 홀쩍 떠나버렸다. 이 슬픔을 어떻게 견딜 수 있을까.

고복이 달아나버린 뒤에도 서하객은 전(滇)에 머물면서 조사를 계속했지만, 습진에 시달리고 왼쪽 귀와 왼쪽 발의 경련이 멈추지 않는 등, 점점 건강을 잃어간다. 실단사 부근의 계산온천으로 탕치(湯治)를 하러 갔더니 땀이 비오듯 쏟아지면서 건강이 좋아졌지만, 그것도 임시방편에 불과했다. 그리하여 숭정 13년(1640년)에 병든 서하객은 결국 귀향길에 오른다. 당시 나이 쉰다섯.

5년 동안 여행하면서 서하객은 자주 강도를 만난데다 믿었던 고복까지 돈을 갖고 달아나 무일푼이 된 적이 한두 번이 아니었다. 아무리 강음현의 서씨 집안이 부자라 해도, 너무 멀리 떨어져 있어서 송금은 도저히 기대할 수 없다. 그런데도 서하객이 여행을 계속할 수 있었던 것은 오로지 전국 각지에 퍼져 있는 친구들의 네트워크 덕분이었다.

서하객에게는 앞서 이야기한 문진맹이나 황도주(黃道周: 1585~1646년)를 비롯하여 그의 생활 방식에 공감하고 응원해주는 친구가 많았다. 문진맹은 서하객의 고조부 서경과 인연이 깊은 당인의 친구이자 '오중의 사재' 가운데 하나인 문징명의 손자다. 문진맹과 황도주는 서하객과는 달리 과거에 급제하여 벼슬길에 올라, 환관이 설쳐대는 명나라 말기의 부패한 정국에 용감하게 이의를 제기한 강직한 관료였다.

원래 서하객의 고향 강음현은 반환관파 관료들이 결성한 정치결사 '동림당'(東林黨)의 거점인 무석(無錫: 장쑤성)과 가까웠고, 서하객은 동림당 사람들에게 깊은 경의와 공감을 품고 있었다. 따라서 문진맹과 황도주를 비롯하여 서하객이 친하게 지낸 사람들은 대부분 동림당 계통과 연결되어 있었다. 이 친구 네트워크는 검이나 전 같은 변경에까지 퍼져 있어서, 서하객은 무일푼이 되어도 그들의 원조를 받아 여행을 계속할 수 있었던 것이다. 이렇게 보면 서하객은 결코 덧없는 속세를 떠난 탐험 마니아가 아니라, 명확한 정치 의식을 가진 채 속세를 등지고 심산유곡을 편력하는 행태를 스스로 선택했음을 알 수 있다. 서하객도 멸망을 앞두고 미친 듯이 불타오른 명나라 말기의 에토스에 골수까지 물든 사람이었다고 말할 수 있을 것이다.

귀향한 이듬해인 숭정 14년(1641년), 이동하는 은자 서하객은 생애를 마쳤다. 그의 나이 쉰여섯. 그로부터 3년 뒤인 숭정 17년(1644년)에 명나라는 멸망하고, 이듬해인 순치(順治) 2년

(1645년)에는 중국 제패를 노리는 청나라 군대가 강음현으로 쳐들어와 서하객 일족은 거의 다 목숨을 잃었다. 이 대혼란 속에서 서하객이 심혈을 기울여 쓴 『서하객유기』도 흩어져 없어지고 말았다.

하지만 그후 흩어진 원고나 발췌본의 행방을 필사적으로 찾아서 재편집하는 인물이 나타났으니, 그가 바로 이기(李寄)다. 사실 이기는 서하객이 마지막 여행을 떠나기 직전에 첩한테서 얻은 아들이었다. 서하객이 집을 비운 동안 이 첩은 이기를 임신한 채 본처 나씨에게 쫓겨나 이씨 집안으로 시집을 갔다. 그래서 얼마 후 태어난 아들은 이씨 성을 갖게 되었다. 운좋게 청군의 공격에서 살아남은 이기는 생부 서하객의 작품을 모으는 일에 여생을 바쳤다.

얼굴도 본 적이 없는 아들 이기 덕분에 서하객의 필생의 대작 『서하객유기』는 간신히 소실을 면하고 일부나마 복원되어, 그 정교하고 치밀한 지리학적 성과의 한 부분을 후세에 전할 수 있었다. 험난한 여행을 거듭한 이동하는 은자 서하객은 죽은 뒤에도 운좋게 목숨이 긴 사람이었다고 말할 수밖에 없다.

# 14 명나라 말기의 쾌락주의자
현실을 등지고 자신의 취미에 충실한 3인

명 왕조 제14대 황제인 만력제(萬曆帝: 1572~1620년 재위)는 정치에는 전혀 흥미가 없고 오로지 축재에만 관심을 쏟은, 가장 황제에 어울리지 않는 인물이었다. 병적인 수전노여서, 관리들에게 주는 봉급조차도 아까워할 정도였다. 그러면서도 아들 결혼식이나 자기 능묘(정릉定陵)에는 돈을 물쓰듯 하는 성격 파탄자였다. 이 만력제가 재위한 반세기 동안, 명나라의 기둥은 완전히 기울어 멸망으로 치닫게 된다.

무능한 황제의 치세가 계속되면 환관이 설치는 것은 중국의 관례다. 만력제의 경우도 예외가 아니어서, 오랫동안 정치 공백이 이어진 뒤 환관 및 그들과 결탁한 악덕 관료들이 차츰 세력을 강화했고, 이를 비판하는 관료들과의 사이에 격렬한 파벌 싸움이 일어난다. 만력 연간 말에 패배한 반환관파 관료들은 일제히 벼슬을 버리고, 무석(無錫: 장쑤성)을 거점으로 '동림당'(東

林黨)이라는 정치결사를 결성했다. 동림당은 강남의 지식인과 폭넓게 연대하여 중앙의 환관파에 대항했다.

만력 48년(1620년), 드디어 만력제가 죽고 그 손자인 제16대 천계제(天啓帝: 1620~1627년 재위)가 즉위한다. 실은 만력제가 죽은 뒤 그의 아들 광종(光宗)이 제15대 황제가 되었지만, 최음제를 너무 많이 먹어서 한 달도 지나기 전에 죽어버렸기 때문에 광종의 아들 천계제가 즉위한 것이다. 즉위할 당시 아직 열여섯 살이었던 천계제는 악랄한 환관 위충현(魏忠賢)이 시키는 대로 하는 꼭두각시였고, 이를 기화로 위충현은 동림당의 주요 멤버를 체포하고 학살하면서 절대 권력을 휘둘렀다.

하지만 천계 7년(1627년)에 천계제가 죽고 동생 숭정제(崇禎帝: 1627~1644년 재위)가 즉위하자 위충현은 탄핵을 당하고 자살했다. 이로써 환관 천하는 드디어 막을 내렸다. 이윽고 강남의 지식인층을 널리 결집하여 '동림당'의 혈통을 잇는 정치결사 '복사'(復社)와 '기사'(幾社)가 결성되고 오랫동안 누적된 부정부패를 바로잡으려는 움직임이 활발해지지만, 때는 이미 늦어서 멸망으로 굴러 떨어지는 시대의 추세를 막을 수는 없었다.

만력 중기 이후의 불온한 정치 정세와는 관계없이 상업과 문화는 번영을 거듭하여, 명나라 말기의 사회는 유례없는 성황을 이루었다. 이런 상황 아래에서 과거에 급제하여 고위 관료가 되는 것만을 목표로 삼았던 사대부 지식인 계층의 의식도 달라지기 시작했고, 자신에게 쾌적한 삶을 추구하는 자들이 잇따라 나타나기 시작한다.

장대(張岱)

　자를 종자(宗子)라고 하는 장대(張岱: 1597~1689년)는 명나
라의 멸망을 앞두고 대거 출현한 쾌락주의자들 중에서도 특기
할 만한 존재다. 그는 절강산음(浙江山陰: 저장성 사오싱시)의
명문 집안 출신으로 고조부 장천복, 증조부 장원변, 조부 장여
림(張汝霖)은 모두 진사(과거 급제자)가 되어 고위 관료로 활약
했다. 특히 증조부 장원변은 과거의 최종 시험인 전시(殿試)에
서 장원 급제의 영광을 안은 인물이다.

　앞에서 다룬 서위도 소흥 출신이었고, 장천복과 장원변은 같
은 고향 출신인 천재 문인 서위의 후원자가 되어 여러 가지로
도와주었다. 서위가 아내를 죽이는 사건이 일어났을 때도 서위
에게 자금을 지원하고 석방 운동까지 벌였다. 이런 인연이 있어
서, 장대는 서위와 면식은 없었지만(장대는 서위가 죽은 뒤에 태
어났다) 그를 존경했고 그에게서 큰 영향을 받았다.

어쨌든 3대에 걸쳐 계속 진사를 배출한 장씨 일족이 막대한 재산을 갖고 있었던 것은 말할 나위도 없다. 본거지인 소흥에 개원(砎園)·천경원(天鏡園)·불이재(不二齋) 등 열 개가 넘는 화려한 원정(園亭: 정자가 딸린 정원)을 갖고 있었을 뿐 아니라, 풍광이 아름다운 항주(杭州)의 서호 부근에도 기원(寄園)이라는 원정을 갖고 있었다니까, 그 유복함이 어느 정도였는지 짐작할 수 있을 것이다. 그밖에도 전속 극단과 3만 권이 넘는 장서를 보유한 장씨 일족은 당시로서는 최고의 '문화적 사치'를 누리고 있었다.

하지만 4대째인 장요방(張燿芳: 장대의 아버지) 대에 이르자 그토록 대단한 명문 집안에도 그늘이 드리워지기 시작한다. 장요방은 아무리 애를 써도 과거에 급제하지 못해 심신증에 걸렸고, 만년에는 신선술에 몰두한 이상한 인물이었다. 사실 장씨 일족에게는 원래 기인의 피가 흐르고 있었다. 정상적이었던 것은 진사가 된 장대의 고조부부터 조부까지 3대뿐이었고, 나머지는 모두 장요방 못지않은 기인뿐이었다 해도 지나친 말이 아니다.

아버지의 광태에 넌더리가 났는지, 장대는 한 번도 과거에 응시하지 않고 오로지 풍류를 즐기며 사는 길을 택했다. 그는 만년(74세)에 자신을 위해 쓴 묘비명 「자위묘지명」(自爲墓誌銘) 첫머리에서 지독한 쾌락주의자로 보낸 반평생을 돌아보고 이렇게 말하고 있다.

촉인(蜀人: 장대의 먼 조상은 촉이라고 불린 사천성 출신이었다) 장대, 호는 도암(陶庵). 나는 명문가에 태어나 화려한 것을 좋아했다. 아름다운 집, 아름다운 여자, 아름다운 소년, 아름다운 옷, 맛있는 음식, 준마, 아름다운 초롱, 불꽃, 연극, 음악, 골동, 꽃과 새를 무척 좋아하고, 차와 감귤, 책과 시에 열중했다. 이렇게 허둥지둥 반평생을 보냈지만, 모두 덧없는 꿈이 되어버렸다.

장대는 조상 대대로 내려온 막대한 재산을 등에 업고 쾌락의 나날을 보내는 한편, 독서를 좋아하는 면학가이자 책을 감정하는 안목이 뛰어난 장서가이기도 했다. 다만 장대의 독서는 "책을 읽는 것은 좋아하지만 철저히 이해하려고는 생각지 않는다"(「오류 선생전」)고 큰소리친 도연명과 마찬가지로, 의미를 알 수 없는 부분이 있어도 깊이 파고들지 않고 원문을 소리내어 되풀이 읽으면서 해석이 섬광처럼 번쩍 떠오르기를 기다리는 방식이었다. 또한 장대는 시·수필·희곡 등 다양한 저술에 정력을 쏟고, 일찍부터 명나라 역사인 『석궤서』(石匱書)도 집필하기 시작했다. 그야말로 재주도 많고 취미도 다양하고 박학다식한 재야의 일류 문인이었던 셈이다.

이런 장대의 주위에는 그 못지않게 재주 많고 다양한 취미를 즐기면서 기발하게 살아가는 친척과 친구기 많았다. 수필집 『도암몽억』(陶庵夢憶)을 비롯한 장대의 저술에는 그들의 모습이 생생하게 묘사되어 있지만, 그 중에서도 장대가 익살스러운 필치로 묘사하고 있는 사촌동생 장연객(張燕客: ?~1646년)의 기인 행각은 예사롭지 않다.

장연객은 금기서화(琴棋書畵: 가야금 · 바둑 · 서예 · 그림)에서 부터 무예에 이르기까지 못하는 것이 없는 풍류객이었지만, 특히 정원과 골동품을 좋아했다. '서초계정'(瑞草谿亭)이라는 원정을 지을 때는 몸소 진두지휘에 나서서 우선 정자를 만드는 일에 착수했는데, 마음에 들지 않는다면서 부수고 다시 짓기를 무려 열일곱 번이나 되풀이한 뒤에야 겨우 완성했다. 정원을 만들 때도 이런 대소동이 계속되어, 상상을 초월하는 막대한 비용을 들여서야 겨우 '서초계정'을 완성했다.

장연객은 정원 마니아의 끓는 피가 시키는 대로 물쓰듯 돈을 낭비하여 차례로 원정을 짓고 부수는 한편, 골동품 수집에도 어이없을 만큼 엄청난 밑천과 정열을 쏟아부었다. 그는 특히 벼루를 좋아해서, 진기한 벼루가 있다는 말을 들으면 무슨 짓을 해서라도 손에 넣지 않고는 직성이 풀리지 않았다. 그렇게 손에 넣은 유명한 벼루를 흐뭇하게 바라보기만 하면 좋을 텐데, 정원 만들기와 마찬가지로 마음에 들지 않는 부분을 고치려고 만지작거리다가 천하의 이름난 벼루를 망가뜨리는 일도 허다했다. 이런 식으로 장연객은 큰돈을 들여 손에 넣은 골동품을 차례로 망쳐버렸다.

이런 일을 되풀이하고 있으면 재산이 아무리 많아도 모자란다. 그래서 장연객은 부모한테 물려받은 막대한 재산을 순식간에 탕진하고 빈털터리가 되어버렸다.

기표가(祁彪佳)

장연객도 장대와 마찬가지로 과거에 응시하지 않았지만, 장대의 인척이고 장연객도 무색할 정도의 정원 마니아인 기표가(祁彪佳: 1602~1645년)는 그들과는 달리 겨우 스물한 살의 젊은 나이에 과거에 급제하여 벼슬길에 오른 수재였다. 하지만 강직한 기표가는 명나라 말기의 부패한 관료 사회와는 뜻이 맞지 않아서, 서른네 살 때인 숭정 8년(1635년)에 일단 사직하고 고향 소흥으로 돌아온다.

관료 생활에서 발을 빼자마자 그때까지 억눌러왔던 정원 마니아의 피가 끓어오르기 시작했다. 집 근처에 '우산'(寓山)이라는 산을 갖고 있었던 기표가는 그 산에 이상적인 정원을 만들겠다는 생각에 사로잡히게 된다. 그래서 날마다 우산에 가서 몸소 작업을 진두지휘하고, 침식을 잊을 만큼 정원 만들기에 몰두한지 2년 만에 드디어 우산 전체를 정원으로 만들기에 이른다. 이어마어마한 대공사에 든 비용은 그야말로 상상을 초월하는 것이었다. 하지만 기표가는 '꿈의 정원' 우산에서 논 지 4년 만인 숭정 14년(1641년) 말에 조정의 부름에 응하여 다시 벼슬길에 나가, 수도 북경의 조정에서 정국을 바로세우기 위해 동분서주하게 된다.

점점 혼미해지는 명나라 말기의 관료 사회와 정치 상황에 등을 돌리고 자신의 쾌락을 추구한 장대와 장연객. 혼란한 정국의 와중에서 끝까지 강직한 관료로서 있는 힘을 다한 기표가. 삶의 방식은 달라도, 불요불급한 정원을 비롯한 취미에 이상할 정도의 정열을 쏟아부었다는 점에서는 모두 똑같이 명나라 말기의 쾌락주의가 낳은 자식이라고 말할 수 있을 것이다.

하지만 명나라 말기 쾌락주의자들의 운명은 숭정 17년(1644년)에 왕조의 멸망과 함께 격변한다. 그해 3월, 숭정제는 이자성(李自成)이 이끄는 반란군 '유적'(流賊)에 쫓겨 자살하고 명 왕조는 멸망했다. 곧이어 만주족의 청나라 군대가 이자성을 쫓아내고 북경을 제압한 뒤, 중국 전역을 제패하기 위해 남하하기 시작했다. 이런 급박한 상황에서 강남 각지에는 명나라 왕실의 일족을 등에 업은 망명 정권(남명南明 정권)이 잇따라 수립되지만, 모두 오래가지 못하고 청군의 진격 앞에 맥없이 무너지고 말았다.

이런 정세 아래에서 기표가는 남경에 수립된 복왕(福王) 정권에 참여하지만, 부패 관료들의 습성을 버리지 못한 복왕 정권에 절망하여 곧 사임하고 고향으로 돌아왔다. 청나라의 순치(順治)

2년(1645년), 그런 기표가에게 청 왕조가 투항을 권고해왔다. 기표가는 명나라의 멸망을 움직이기 어려운 사실로 확실히 인식하고는 있었지만, 정복 왕조인 청에 무릎을 꿇는 것은 강직한 그에게는 굴욕일 따름이었다. 남은 길은 죽음뿐. 그리하여 기표가는 마흔네 살을 일기로 심혈을 기울여 만든 '꿈의 정원' 우산의 연못에 몸을 던져 스스로 목숨을 끊었다.

파괴적 풍류객인 장연객도 청군에 저항하다가 목숨을 잃었다. 기표가가 죽은 이듬해, 소흥의 노왕(魯王) 정권에 참여하여 군대를 이끌고(장연객은 무술에도 능했다) 청군과 싸우다가 포로가 되어 처형당한 것이다.

이렇게 장대의 친구 기표가와 장연객은 정복 왕조 청에 편입되기를 거부하고 죽었지만, 장대는 죽지 않고 굳이 살아남는 길을 택했다. 실은 장대도 노왕 정권의 부름을 받고 일단 노왕의 참모가 되었지만, 노왕 정권의 진짜 목적이 장씨 집안의 막대한 재산에 있다는 것을 곧 알아차린다. 실망한 장대는 노왕과 결별하고 산 속에 은둔하지만, 결국 탐욕스러운 노왕에게 전재산을 빼앗기고 무일푼이 되어버린다.

장대는 청 왕조가 아닌 명 왕조의 계통을 잇는 남명 정권에 가진 것을 몽땅 털리고 파산한 것이다. 이렇게 남명 정권에 짓밟히고 걷어차이면서도 장대는 그후 기나긴 반평생을 보내는 동안 청에 굴복하기를 완강히 거부하고 명나라 유민으로 살았다.

순치 3년(1646년), 청군의 공격으로 노왕 정권이 무너지고 소흥이 함락되자, 장대는 가족과 함께 산 속에 숨었다. 얼마 후 소흥성 안으로 돌아와 보니 장대의 수많은 저택은 모두 남에게 점거되어 있었다. 장대는 어쩔 수 없이 소흥 교외로 나가 남의 소유인 '쾌원'(快園)이라는 황폐한 별장에 거처를 정하고 대가족과 함께 은둔 생활을 시작했다.

장대는 기표가와는 달리 지위도 벼슬도 없는 문인에 불과했기 때문에 청 왕조의 주목을 받지도 않았다. 따라서 홀가분하다면 홀가분한 신분이었지만, 파산하여 무일푼인데다 생계를 꾸릴 방책도 없이 새로운 지배자인 청 왕조에 등을 돌리고 사는 것은 어려운 일이었다.

장대는 중년에 아내와 사별했지만 첩이 둘 있었다. 자녀는 6남 10녀. 식구는 늘기도 하고 줄기도 했지만, 스무 명에 이르는 대가족을 거느리고 은둔 생활을 했으니 살림은 이만저만 곤궁한 게 아니었다. '쾌원'에서 살기 시작한 지 6, 7년 뒤인 순치 11년(1654년), 쉰여덟 살의 장대는 「갑오」(甲午)라는 장시를 지어 당시의 궁핍을 적나라하게 표현했다. 그 앞부분을 인용해보겠다.

내 나이 아직 예순 안짝
영락한 지 얼마 되지도 않는데
깜짝할 사이에 몇 년이 지나
노인이 되어버렸구나.
망국의 전란을 겪은 뒤
집은 파산하여 무일푼.
한심하게도 자식은 많고

중년에 아내도 잃었다.

딸 열 가운데 셋은 시집가고

아들 여섯 가운데 둘은 장가들고

네 손녀는 모두 나이가 찼고

식구를 다 합하면 열여덟아홉.

두 끼를 죽으로 때워도

하루에 쌀 한 말을 먹는다.

옛날에는 기름진 논밭이 있었지만

지금은 밭 한 떼기 남아 있지 않고

낡아빠진 집이 두세 채

돌계단 앞에 버드나무 한 그루가 있을 뿐.

두 첩은 늙어 원숭이처럼 되었고

할 수 있는 일이라고는 물을 긷고 벼를 찧는 게 고작.

쌀 달라, 장작 달라, 아우성치고

날이면 날마다 꽥꽥 소리를 지른다.

아침이 되어도 먹을 게 없으니

동도 트기 전에 솔선하여 일어나 뛰어다닌다.

이렇게 산 지 11년.

이런 말을 하면 자기혐오감만 강해질 뿐.

세상에 나가 남들과 어울려볼까도 생각하지만

그때마다 마음에 간직한 뜻이 사라질까 두렵구나.


사치에 열중한 전반생과는 정반대로 찢어지게 가난한 생활이다. 이 시에는 확실히 신랄한 자조가 담겨 있지만, 동시에 밑바닥 생활 자체를 희화화하고 재미있어하는 기미도 짙다. 장대가 극도의 가난을 참고 은둔 생활을 계속하면서 『석궤서』를 비롯한 수많은 저술을 완성할 수 있었던 것도 따지고 보면 이런 만만찮은 유머 감각이 있었기 때문일 것이다(장대의 작품은 사라진 것도 많지만, 『석궤서』와 『도암몽억』 등 몇몇 대표작은 아직 남아 있다).

아들 여섯은 하나같이 됨됨이가 시원찮아서 장대가 몸소 밭일을 하며 살림을 도운 모양이지만, 그래도 대가족을 부양할 만한 수확이 있었다고는 도저히 생각되지 않는다. 도대체 어떻게 생계를 꾸려나갔는지 자세한 것은 알 수 없지만, 장대는 그후에도 오랫동안 원기왕성하게 대가족을 거느리고 은둔 생활을 계속했다. 일설에 따르면 아흔세 살이 된 강희(康熙) 28년(1689년)까지 살았다고 한다. 명나라가 멸망한 뒤 무려 45년 동안이나 유민 은자로 살아간 셈이다.

장대는 전반생에서는 과거 급제를 가장 중시하는 전통적 가치관을 아랑곳하지 않고 극단적인 쾌락주의자로 살면서 기성 정치와 사회의 테두리에서 깨끗이 일탈했다. 명나라가 멸망한 뒤의 후반생에서는 정복 왕조 청의 지배 체제에 편입되기를 거부하고, 고집스럽게 명나라 유민으로 은둔 생활을 계속했다. 결국 장대는 쾌락주의자로 산 전반생, 명나라 유민 은자로 산 후반생을 통하여 시종일관 일탈의 생애를 관철한 셈이다.

# *15* 팔대산인
청 왕조에 예속되기를 거부하고 출가까지 한 화가의 고고함

청나라 초기의 화가 팔대산인(八大山人: 1626~1705년)은 극적인 생애와 더불어 고고한 화풍 때문에 사랑하는 사람이 많다.

본명은 주중계(朱中桂) 또는 주탑(朱耷)이라 하고, 원래 명나라 왕실의 일족이다. 일족의 시조 주권(朱權)은 명 왕조의 초대 황제인 홍무제(洪武帝) 주원장(朱元璋: 1368~1398년 재위)의 아들인데, 이 일족은 팔대산인의 아버지 대까지 200여 년 동안 남창(南昌: 장시성)에 살고 있었다.

할아버지도 아버지도 서화에 능하여, 팔대산인은 예술적으로는 지극히 혜택받은 환경에서 자랐다. 하지만 긴 세월의 흐름 속에서 그의 집안은 어느새 중앙과 관계가 단절되어 이름뿐인 왕족이 되어 있었다. 그래서 젊은 팔대산인은 벼슬길에 나가려고 우선 과거 예비 시험에 합격하여 생원(지방에서 치르는 과거인 향시에 응시할 자격이 있는 자)이 되었다. 그런데 불운하게도

시대 상황이 격변하여, 과거는 아예 생각도 못할 형편이 되어버렸다. 숭정 17년(1644년) 3월에 숭정제가 이자성이 이끄는 반란군에 쫓겨 자살하고, 명 왕조가 멸망해버린 것이다. 당시 팔대산인은 열아홉 살이었다.

재난은 여기서 그치지 않았다. 곧이어 만주족의 청나라 군대가 이자성을 몰아내고 북경을 제압한 뒤, 중국 전역을 지배하려고 남하하기 시작했다. 이에 대항하여 강남 각지에 명나라 왕실의 일족을 받든 망명 정권(남명 정권)이 잇따라 수립된다.

하지만 순치 2년(1645년) 4월에 양주를 함락하고 대학살을 자행한 청군이 명나라 제2의 수도 남경으로 창끝을 돌리자, 가장 유력해 보인 복왕(福王: 숭정제의 조카)의 남경 정권은 맥없이 내부에서 붕괴하여 싸워보지도 않고 항복해버린다. 대세는 결정된 것처럼 보였지만, 강남 각지의 남명 정권에 모여든 사람들은 그래도 계속 청군에 격렬하게 저항했다.

순치 2년 8월, 청 왕조는 느닷없이 강남의 모든 남자에게 만주족의 풍습인 변발을 강요하는 '치발령'(薙髪令)을 내렸다. 변발이란 중앙 부분의 머리털만 남기고 머리를 다 밀어버린 다음, 남은 머리털을 땋아서 뒤로 길게 늘어뜨리는 독특한 헤어스타일이다. 이렇게 하면 정복 왕조 청나라에 복종하는지 아닌지를 한눈에 알 수 있다.

"머리를 남기고 싶은 자는 머리털을 남길 수 없고, 머리털을 남기고 싶은 자는 머리를 남길 수 없다." 요컨대 변발하지 않는 자는 목을 치겠다는 가혹한 명령이었는데도, 이런 굴욕은 참을 수 없다면서 강남 각지에서 격렬한 저항 운동이 일어났다. 하지만 청군에 위압되어 결국 그것도 오래 지속되지 못하고, 순식간에 강남은 변발투성이가 되었다.

이때 팔대산인은 어떻게 지내고 있었을까. 자세한 것은 알 수 없지만, 그의 아버지는 명나라가 멸망한 직후에 죽었고, 팔대산인은 청군의 공격을 피해 빈 몸뚱이로 남창을 탈출하여 봉신현(奉新縣: 남창에서 서쪽으로 60킬로미터)의 산 속에 있는 절을 전전하면서 숨어 있었던 것 같다. 이름뿐인 왕족이라 해도 그는 명 왕실의 후예였고, 도망중에 청군에 들키면 무사하지 못했을 것이다.

숨을 죽이고 산 지 3년 만인 순치 5년(1648년)에 팔대산인은 마침내 출가하여 불문에 들어간다. 선종(禪宗)의 일파인 조동종(曹洞宗)이었다. 법명은 전계(傳綮). 과연 변발을 거부한 채 살아가려면 머리를 깎고 중이 되는 수밖에 없다.

일단 청나라에 투항하고 남창의 군사·행정 책임자가 된 명나라 장군 김성환(金聲桓)이 이 해(순치 5년) 초에 느닷없이 태도를 바꾸어, 남명 정권 가운데 하나인 복주(福州: 푸젠성)의 당왕(唐王) 정권을 지지하고 나섰다. 융무제(隆武帝)라고도 불리는 당왕 주위에는 정성공(鄭成功) 등이 모여 있었다. 김성환은 그때까지 사용하고 있던 청나라 연호인 순치를 버리고 당왕 정권의 연호인 융무(隆武)를 사용하기 시작했다. 그러자 몇 달 뒤 청나라 당국은 대군을 보내 남창 시가지를 철저히 파괴하고 김성환의 때아닌 반역을 쉽게 분쇄했다. 고향 남창이 파괴된 이 사건도 팔대산인이 출가한 동기가 되었을지 모른다.

스물세 살에 출가한 팔대산인은 수행에 전념하여 서른한 살 때인 순치 13년(1656년)에 진현현(進賢縣: 장시성)의 선원인 등사(燈寺)의 주지가 되었다. 이 무렵부터 지덕이 뛰어난 훌륭한 스님으로 명성이 높아졌고, 그의 주위에는 늘 100명이 넘는 선승이 모여들어 그를 스승으로 받들고 가르침을 청했다고 한다. 본격적으로 그림을 그리기 시작한 것도 이 무렵부터다.

당시의 작품을 모은 『전계사생책』(傳綮寫生冊: 순치 16년)이 지금까지 남아 있는데, 난초나 연꽃 같은 식물을 묘사한 것이 대부분을 차지하고, 작풍은 자유분방하고 귀기가 서린 훗날의 작품과는 전혀 달리 치밀하게 대상을 포착하고 평온한 분위기를 풍기는 것이 많다. 전체적으로 고아한 선승이 여가에 취미로 그린 작품이라는 느낌이 강하다. 그는 이 무렵 설개(雪箇)를 비롯한 여러 아호를 그림에 사용하고 있지만, '팔대산인'이라는 아호는 아직 보이지 않는다.

이대로 가면 그는 그림을 잘 그리는 고승으로서 나름대로 평온한 생애를 보냈을 테고, 중국 미술사의 귀재인 팔대산인은 탄생하지 않았을 것이다. 하지만 출가한 지 31년 뒤인 강희(康熙) 18년(1679년) 4월에 임천현(臨川縣: 장시성. 남창에서 남쪽으로 10킬로미터)의 현령인 호역당(胡亦堂)의 초대를 받고 임천에서 열린 시회(詩會)에 참가한 것을 계기로 팔대산인의 생애는 큰 변화를 겪는다. 호역당이 팔대산인을 돌려보내지 않고 1년 반 동안이나 관사에 연금해둔 것이다.

팔대산인(八大山人)

오랜 연금 생활 속에서 팔대산인은 점점 신경이 이상해져 마침내 발광했다. 어느 날 그는 몸에 걸치고 있던 승복을 갈기갈기 찢어 불사른 뒤, 관사를 뛰쳐나가 고향 남창으로 갔다. 발광한 팔대산인은 쓸모가 없다고 생각했는지, 호역당은 그가 마음대로 도망치게 내버려두었고 다시 데려오려고도 하지 않았다. 때는 강희 19년(1680년) 겨울, 팔대산인의 나이 쉰다섯이었다.

그런데 호역당은 왜 선원의 주지로 평온한 나날을 보내는 팔대산인을 불러내어 연금했을까. 짐작컨대 이 사건은 당시 강남을 뒤흔든 '삼번의 난'과 관계가 있었던 것 같다.

청 왕조에서는 청나라에 투항하여 청나라의 중국 제패에 크게 공헌한 세 명의 한족 장수, 즉 오삼계(吳三桂)·상가희(尙可喜)·경중명(耿仲明)을 특히 후대하여 왕의 칭호를 주고, 운남(雲南)·광동(廣東)·복건(福建) 등 삼번(三藩)의 제후로 봉했다. 모두 수도 북경에서 멀리 떨어진 변경이지만, 세월이 흐르면서 이 삼번이 점점 독립국화하여 무시할 수 없는 세력을 갖게 되었다. 특히 운남을 지배하는 오삼계(1612~1678년)의 세력은 아주 강대했다. 이 오삼계는 원래 명나라 장군인데도 산해관(山海關)을 열어 청군을 중국 본토로 끌어들인 장본인이다.

청 왕조가 중국을 지배한 지 약 30년이 지난 강희 12년(1673년), 때가 왔다고 판단한 제4대 황제 강희제(1661~1722년 재위)는 삼번을 폐지하기로 결정했다. 강희제는 12년 전에 아버지 순치제가 죽은 뒤 겨우 여덟 살의 나이로 즉위하여 열여섯 살 때 어린 황제의 후견인으로 실권을 장악하고 제멋대로 굴던 중신

오바이를 몰아내고 친정을 시작하는 등, 매우 총명하고 유능한 인물이었다. 삼번 폐지는 이 유능한 황제가 스무 살에 내린 결단이었다.

폐지 통고를 받은 운남의 오삼계는 이듬해인 강희 13년 말에 군사를 일으켰고, 나머지 두 번(藩)도 이에 호응했기 때문에 강남은 순식간에 소란해졌다. 하지만 3년도 지나기 전에 오삼계를 제외한 나머지 반란군은 모두 청군에 진압되었고, 오삼계도 강희 17년(1678년)에 병사했다. 오삼계가 죽은 뒤, 그의 손자 오세번(吳世璠)이 군단을 물려받아 3년 동안 운남에서 굳게 버티면서 청군과 싸웠지만, 강희 20년(1681년)에 마침내 재기 불능의 참패를 당하고 자결했다. 이로써 9년에 걸친 '삼번의 난'은 완전히 막을 내렸고, 눈엣가시인 삼번의 숨통을 끊은 청 왕조는 그후 갑자기 안정과 번영을 향해 치닫게 된다.

호역당의 팔대산인 연금 사건은 이 '삼번의 난'의 소용돌이 속에서 일어났다. 물론 이 사건이 일어난 강희 18년과 19년 당시 오삼계는 이미 죽은 뒤였고 '삼번의 난'도 고비를 지나 기세가 한풀꺾여 있었다. 팔대산인이 명나라 왕족이고 선승이 된 그의 주위에 많은 숭배자가 모여들었으니까, 청 왕조가 그를 위험분자로 볼 만한 요소는 있었다. 하지만 '삼번의 난'이 수그러들고 있던 이 시점에서 연금까지 할 필요가 있었다고는 도저히 생각할 수 없다. 어쩌면 출세를 노리는 호역당이 청 왕조에 알랑거려 점수를 따기 위한 도구로 팔대산인을 이용했는지도 모른다.

어쨌든 호역당에게 이용당하고 연금된 팔대산인은 엉뚱하게 피해를 본 셈이다. 정말로 발광했는지, 아니면 교묘하게 미친 척했는지는 확실치 않지만, 승적을 버리고 실성한 채 남창으로 돌아간 팔대산인은 한동안 비참한 나날을 보낸다. 그로부터 약 10년 뒤(강희 29년 또는 30년) 평정을 되찾은 팔대산인을 만나 그의 전기를 쓴 소장형(邵長蘅)은 당시 팔대산인의 광적인 모습을 이렇게 묘사하고 있다.

남창으로 도망쳐 돌아간 팔대산인은 시내를 싸돌아다녔지만, 헝겊 모자를 머리 위에 달랑 올려놓고 솜을 넣은 긴 저고리를 땅에 질질 끌고 뒤꿈치가 너덜너덜한 신발을 신고 소매를 팔랑거리면서 오락가락했기 때문에, 아이들이 뒤를 졸졸 따라다니며 비웃었다. 시내에는 이 미치광이가 도대체 누군지 아는 사람이 아무도 없었다.

그러는 동안 이 미치광이가 삼촌이라는 사실을 알아차린 조카가 자기 집으로 데려가 돌봐주었기 때문에 병이 차츰 낫기 시작했다. (『팔대산인전』)

조카의 보살핌으로 정신 상태가 어느 정도 안정되자 팔대산인은 왕성하게 그림을 그리기 시작했다. 하지만 조용한 선원에서 붓을 잡았을 때와는 전혀 달리, 가난한 사대부나 서민이 술을 대접하면 아주 조금만 마셔도 기분이 좋아져서 술김에 꽃과 대나무·돌·새·물고기 따위를 단숨에 그려서 아낌없이 주곤

했다. 또한 승적은 버렸지만 남창 교외의 절에 자주 다녔고, 스님이 그림을 그려달라고 부탁하면 역시 싫은 내색도 하지 않고 붓을 들었다.

팔대산인이 기분 내키는 대로 그리는 작품은 차츰 평판이 높아져서, 이윽고 고위 관료나 부자들이 그에게 몰려들게 되었다. 하지만 그들이 아무리 많은 금품을 내놓아도 팔대산인은 결코 주문을 받으려 하지 않았다. 개중에는 값비싼 비단을 가져와서 그림을 주문하는 사람도 있었지만, 그는 "이걸로 양말이나 만들까" 하고 웃으면서 받지 않았다고 한다. 이런 식이니까, 팔대산인의 그림을 갖고 싶은 사람은 그가 술김에 그린 그림을 갖고 있는 서민이나 승려를 찾아가서 사들이곤 했다.

그래도 여전히 권력이나 재력을 내세워 끈질기게 그림을 요구하는 사람이 끊이지 않는 데 화가 난 팔대산인은 드디어 문간에 "나는 말을 하지 못합니다"라고 쓴 쪽지를 내붙였다. 원래 그는 가벼운 언어 장애를 갖고 있었지만, 그후 정말로 아무하고도 일절 말을 하지 않게 되었다. 앞에서도 말했듯이 팔대산인의 전기를 쓴 소장형이 그를 만난 것은 강희 29년 내지 30년으로 추정되는데, 이때의 상황을 소장형은 이렇게 기록하고 있다.

절에 묵으면서 밤늦도록 등잔 심지를 잘라가며 이야기를 나누다가, 팔대산인은 답답해하며 손짓으로 말하기 시작했다. 그래서 붓을 청해 책상 위에서 필담을 했더니, 등잔 심지가 다 타버릴 때까지 지칠 줄 몰랐다.

이 시점에서 이미 팔대산인은 손짓과 필담으로 의사소통을 했으니까, 연금 사건 이후 남창으로 돌아간 뒤 거의 10년이 지나는 사이에 일절 말을 하지 않게 된 것을 알 수 있다.

그래도 시내에 나가 술을 대접받고 평범한 사람들의 부탁에 응해 붓을 잡는 생활은 변함이 없었다. 다만 아무 말도 하지 않고, 술이 거나해지면 자주 흐느끼면서 눈물을 뚝뚝 흘렸다고 한다. 명나라 왕족으로 태어나 젊은 나이에 왕조의 교체를 경험하고 어쩔 수 없이 출가하여 겨우 평온한 나날을 보낼 수 있게 되었는데, 또다시 재난을 만나 늘그막에 승적을 버리고 미치광이 화가가 된 팔대산인. 그는 무엇을 생각하고 무엇을 원망하며 울었을까.

입을 다물고 아무 말도 하지 않으려 하는 것은 현실 세계에 대한 처절한 단념이지만, 그가 그린 그림은 그 단순한 구도에도 불구하고 그가 말하지 않는 내면의 드라마를 웅변으로 드러내고 있다. 만년에 이를수록 더욱 격렬하고 더욱 선명하게.

그가 팔대산인이라는 아호를 사용하기 시작한 것은 강희 23년(1684년), 환갑을 앞둔 쉰아홉 살 때부터다. 작품에 초서체로 흘려 쓴 '팔대'(八大)라는 두 글자는 '울 곡(哭)'이나 '웃을 소(笑)'처럼 보이고, '산인'(山人)이라는 두 글자는 '이 지(之)'처럼 보인다. 따라서 '팔대산인'이라는 네 글자에는 '곡지'(哭之: 이를 슬퍼하여 운다)나 '소지'(笑之: 이를 웃는다)라는 뜻이 숨어 있다는 것이 예로부터 내려오는 통설이다. 지나간 세상(명 왕조)을 생각하며 울고, 지금 세상(청 왕조)을 비웃는다는 것이다.

『안만책』(安晚册)에서

　정복 왕조 청에 대한 증오와 불굴의 저항 정신을 감춘 팔대산
인이라는 아호를 사용하기 시작하자마자 그의 그림 세계도 크
게 변화하기 시작한다. 물고기나 새 같은 흔해빠진 생물을 간결
한 붓놀림으로 묘사하고 있지만, 물고기는 퉁방울눈을 부릅뜨
고 새는 날카로운 눈으로 이쪽을 노려본다. 그야말로 왕성한 혈
기가 종횡무진으로 넘쳐흐른다. 나는 이 현실을 결코 승인하지
않는다는 팔대산인의 치열한 기백이 화면에서 샘솟듯 뿜어나와
보는 사람을 전율케 한다.

　사생보다 자기 내면의 드라마를 응축시키고자 하는 팔대산인
의 화풍은 청나라 중기인 18세기에 상업 도시이자 문화 도시인
양주(장쑤성)에 출현한 화가 그룹 '양주팔괴'(揚州八怪)—김농
(金農)·정판교(鄭板橋)·이선(李鱓)·황신(黃愼)·나빙(羅聘)·

이방응(李方膺)·왕사신(汪士愼)·고상(高翔) 등 여덟 사람을 가리키는 경우가 많다—를 비롯한 후세 화가들에게 헤아릴 수 없을 만큼 큰 영향을 주었다.

팔대산인은 대단한 파토스와 원한을 지속시키고, 만년에 이를수록 화가로서 성숙해지면서 차례로 걸작을 만들어냈다. 그가 세상을 떠난 것은 강희 44년(1705년), 남창에 돌아온 지 25년 뒤였다. 그의 나이 여든 살. 일절 말을 하지 않고 서민의 요구에만 응하여 붓을 잡고, 위세를 부리는 자들의 요구는 딱 잘라 거절하는 그 완고한 생활 방식을 끝까지 바꾸려 하지 않고, 어디까지나 명나라 유민 화가로서 그 일탈의 생애를 마쳤다.

진위는 확실치 않지만, 팔대산인은 두 번 결혼했고(승려 시절에 얻은 첫 아내와는 사별했고, 환속하여 남창으로 돌아온 뒤 재혼했다) 재혼한 뒤 아들을 하나 얻었다는 설도 있다. 이게 사실이라면, 고고한 은자 화가 팔대산인의 생애에도 조금은 따뜻한 구석이 있었던 셈이다.

팔대산인은 그림 이외에 글씨와 시에도 뛰어났다. 물론 그의 시는 함축되어 있는 의미가 많아서 지극히 난해하다. 역시 그는 언어를 통한 표현이 아니라 어디까지나 이미지를 통한 표현, 즉 회화 분야에서 충분히 본령을 발휘했다고 말할 수 있을 것이다.

# *16* 원매

관리 생활보다 손수 가꾼 정원에 은둔한 괴짜

18세기, 청나라 중기의 문인 원매(袁枚: 1716~1797년)는 정신적으로나 물질적으로 자유롭고 사치스러운 생애를 보낸 사람이다.

원매는 절강성(浙江省) 전당현(錢塘縣) 출신이다. 아버지는 지방장관의 개인 참모였다. 참모라면 듣기에는 좋지만, 지방장관 밑에서 재판 사무를 처리하는 별볼일없는 직종이다. 세간에서 부르는 명칭은 '형명사야'(刑名師爺), 즉 '엉터리 변호사'였다. 아버지가 혼자 지방장관의 주재지에 가서 일하는 동안 할머니와 어머니와 고모가 가난한 집안을 지키며 원매를 키웠다. 특히 역사에 조예가 깊었던 고모는 원매에게 역사를 이야기해주고, 『서경』 같은 기본적인 고전을 읽는 법도 가르쳤다.

고모의 가르침을 받은 원매는 일곱 살 때 서당에 들어가 천재성을 발휘했고, 열두 살에 이미 생원(지방에서 치르는 과거인 향시에 응시할 자격을 가진 자)이 되었다.

이 무렵부터 원매는 독서열에 사로잡히지만, 가난해서 마음대로 책을 살 수가 없었다. 그래서 남에게 빌린 책을 필사적으로 탐독하여, 몇 년 사이에 엄청나게 많은 책을 독파했다. 원매는 이 경험을 평생 잊지 않고, 나중에 그에게 책을 빌리러 온 청년에게 "책은 남에게 빌리지 않으면 읽을 수 없는 법이다. 자기 책은 책꽂이에 꽂아놓고 나중에 읽으려고 할 게 뻔하다"(「황생차서설黃生借書說」)고 말했다.

많은 지식을 갖춘 원매는 옹정(雍正) 13년(1735년)에 수십 년만에 한 번 실시되는 관리 임용 특별 시험인 '박학홍사'(博學鴻詞) 예비 시험에 합격했다. 당시 그의 나이 스무 살. 이듬해인 건륭(乾隆) 원년(1736년), 수도 북경에서 본시험을 치르지만 어이없이 낙방했다. 통상적인 과거시험을 건너뛰어 고위 관료를 선발하는 박학홍사는 무척 어려워서 젊은 원매가 낙방해도 이상할 것은 없지만, 그 자신에게는 상당한 영향을 준 최초의 좌절이었다.

박학홍사에 실패한 원매는 북경에서 입주 가정교사로 근근이 살아가면서, 다음 기회를 기다리며 통상적인 과거에 대비하여 시험 공부에 몰두한다. 그 보람이 있어서 2년 뒤 향시에 급제하고, 이듬해인 건륭 4년(1739년)에는 회시에도 급제했다. 진사가 된 원매는 엘리트 코스인 한림원(황제의 조칙 따위를 담당하는 부서)에 배속되었다. 하찮은 형명사야인 아버지와는 달리, 겨우 스물네 살에 고위 관료의 패스포트를 손에 넣은 것이다. 회시에

隨園先生像

원매(袁枚)

급제한 직후 고향에 돌아와 왕씨라는 여자와 결혼하여 사생활도 순풍에 돛단 듯, 모든 것이 뜻대로 되는 전성기를 구가했다.

원매는 양성애자여서 평생 여자와 남자를 불문하고 화려한 애정 행각을 벌였다. 그는 차례로 첩을 얻어 그 수가 무려 스무명이 넘었지만, 본처 왕씨는 남편과 사이가 아주 좋아서 평생 원매의 좋은 반려자였다.

결혼한 뒤 북경으로 돌아간 원매는 한림원에서 일하는 한편 연극 구경에도 열중했다. 그는 당시 인기 절정의 남자 배우인 허운정(許雲亭)에게 열을 올렸지만, 풋내기 진사가 허운정과 가까워지는 것은 무리라고 체념하고 있었다. 그런데 뜻밖에도 허운정이 그에게 특별한 호의를 보였고, 두 사람은 당장 의기투합하여 관계를 맺었다. 원매는 『수원시화』(隨園詩話)라는 책에서 이 경험을 "감히 바라지도 않은 뜻밖의 기쁨이었다"고 말했다. 중국에서 남색은 드문 일이 아니지만, 이렇게 뻔뻔스러울 만큼 노골적으로 그 성향을 자랑한 사람은 없다. 그만큼 원매는 욕망의 논리를 전적으로 긍정하고, 금욕주의를 싫어했다. 장경복(蔣敬復)이 쓴 『수원일사』(隨園軼事)라는 책에 이런 이야기가 있다.

어떤 사람이 선생(원매)에게 "호색(아름다운 것을 좋아하는 것)을 긍정하십니까?" 하고 물었더니, 선생은 "물론이다"고 대답했다. 그 사람이 이유를 묻자, 선생은 말씀하셨다. "보석이나 향기를 사랑해도 마음이 흔들리지 않는 것은 성인이다. 보석이나 향기를 사랑하여 마음이 흔들리는 것이 보통 사람이다. 보석이나 향기를 모르는 것은 짐승이다. 보통 사람은 성인이 아닌데, 어찌 아름다운 것을 보고 마음이 흔들리지 않을 수 있겠는가. 보석이나 향기를 사랑할 줄 알기 때문에 인간이 금수와 다른 것이다."

유교적인 가치관을 역전시켜 '호색'하지 않는 자야말로 금수라고 말했으니, 호색과 쾌락을 당당하게 긍정하는 쾌락 긍정 선언이다.

북경 생활을 시작한 지 3년 뒤인 건륭 7년(1742년), 그의 나이 스물일곱 살 때 전기가 찾아온다. 원매가 임용된 한림원 서길사(庶吉士)는 연수생과 비슷해서, 3년의 연수 기간이 지나면 다시 한번 시험을 치른다. 여기에 합격하면 정식으로 한림원에 채용되지만 낙제하면 쫓겨난다. 청나라는 만주족 왕조니까, 관리 채용 시험에는 당연히 만주어 과목이 포함된다. 원매는 만주어가 서툴러 시험에 낙제하고 강소성(江蘇省) 율수현(溧水縣) 현령으로 방출당하게 되었다.

이렇게 처음부터 실패의 쓴맛을 보고 어이없이 엘리트 코스에서 탈락한 원매는 율수현을 시작으로 강남 각지를 전전하다가, 건륭 10년(1745년)부터 햇수로 4년 동안 강녕현(江寧縣: 오늘날 장쑤성 난징시) 현령을 지낸다. 그는 지방행정관으로도 유능했다. 특히 재판 사건을 다루는 데에는 아버지한테 물려받은 특출한 재능이 있어서 어려운 사건을 자주 해결했기 때문에 주민에게도 인기가 높았다. 처음 원매가 율수현령이 되었을 때,

오랫동안 지방장관을 모신 그의 아버지는 아들이 임무를 잘 처리하고 있는지 어떤지 걱정이 되어, 신임 현령의 평판을 몰래 듣고 다녔다. 그런데 주민들이 입을 모아 "이곳을 다스리는 원매라는 젊은 현령은 아주 훌륭한 관리"라고 칭찬했기 때문에 크게 기뻐했다고 한다.

지방 근무를 무난히 해내고 있었는데도 원매는 이윽고 관리 생활에 싫증이 나서, 사표를 내던지고 관료 사회에서 이탈해버린다. 그 계기가 된 것은 그가 서른세 살 때인 건륭 13년(1748년)에 임지인 난징시 서쪽 교외에 있는 '수원'(隋園)이라는 유명한 정원을 손에 넣은 것이었다. '수원'은 옹정 연간(1723~1735년)에는 '강녕직조'(江寧織造: 강남의 견직물 생산 총감독)인 수혁덕(隋赫德)의 별장이었지만, 그후 정원으로 바뀌어 있었다. 원매는 봉급을 털어 이것을 사들였다. '강녕직조'는 수혁덕이 취임할 때까지는 장편소설 『홍루몽』(紅樓夢)의 작자인 조설근(曹雪芹: ?~1763년) 일족이 증조부 때부터 3대째 세습한 중요한 자리였고, '수원'도 원래는 조씨 집안의 별장이었다.

'수원'은 앞쪽에 커다란 연못이 있고 시냇물이 정원을 둘러싸고 있는 전형적인 수경원(水景園)이다. 회랑으로 연결된 건물은 모두 연못 뒤쪽에 자리잡고 있다. 이것을 사들인 뒤, 원매는 황폐한 건물을 수리하고 지형의 고저나 시냇물의 흐름에 따라 건물을 몇 채 더 지었다. 그런 다음 정원의 명칭을 '수원'(隋園: 수씨隋氏의 정원)에서 발음이 같은 '수원'(隨園: 지형에 따른 정원)으로 바꾸었다. 면모를 일신한 '수원'은 원매의 마음에 쏙 들었다. 원매는 건륭 14년(1749년)에 쓴 『수원기』(隨園記)에서 "관리 생활을 계속하면 이곳에는 한 달에 한 번밖에 올 수 없다. 여기 살면 날마다 이 정원에 올 수 있다. 관리 생활과 정원은 양립할 수 없으니까 나는 관직을 버리고 정원을 택하겠다"고 말하여, 사직한 결의를 굳혔다.

하지만 강녕현령을 그만둔 지 3년 뒤인 건륭 17년(1752년), 원매는 줄곧 그를 돌보아준 은사 윤계선(尹繼善)의 추천을 거절하지 못하고 관직에 복귀하여 섬서성(陝西省)에 부임했다. 의욕이 없는 원매는 당연히 상관과 사이가 나빴고, 때마침 아버지가 돌아가셨기 때문에 1년도 지나기 전에 사임하고 수원으로 돌아온다. 서른일곱 살인 이때부터 여든두 살에 생애를 마칠 때까지 원매는 두번 다시 벼슬길에 오르지 않고, 큰돈을 들여 수원을 계속 손보면서 화려한 정원으로 만들어내는 일에 정열을 쏟아 부었다.

"돌아가련다. 논밭이 묵으려 하는데 어찌 돌아가지 않으리"(귀거래사) 하고 노래한 동진의 도연명(陶淵明) 이래 관료 사회에서 벗어나 은둔한 사람은 이루 헤아릴 수 없다. 그들은 속박을 당하기보다는 가난해도 정신적 자유를 얻는 것을 무엇보다 중요하게 생각했다. 중국의 이런 전통적인 은둔 지원자들과 원매의 결정적인 차이점은 원매가 정신의 자유와 함께 물질적인 풍요도 희구했다는 점이다.

그렇긴 하지만 원매는 원래 가난한 집안 출신인데다 기껏해야 현령을 몇 년 지내고 은퇴했으니까 평생 동안 실컷 놀고 먹

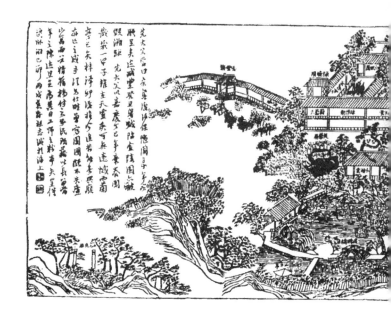

을 수 있는 재산은 있을 리가 없다. 호화로운 정원에서 진수성
찬을 즐기고 수많은 첩을 거느리는 호사 생활을 유지하려면 막
대한 비용이 들었을 텐데, 원매는 그 비용을 어디에서 조달했을
까. 놀랍게도 그는 붓 하나로 그 돈을 마련했다. 글을 팔아서 생
활한 50년 동안 원매의 명성은 계속 높아져서, 시를 지어달라는
주문이 끊이지 않았고, 개중에는 묘비명을 써달라면서 은 1만
냥을 내놓는 사람도 있었다. 과연 이 정도면 어떤 사치도 부릴
수 있을 법하다. 문인 원매의 이런 생활 형태는 그야말로 전대
미문의 것이었다.

종래의 중국 사회에서는 명예와 부를 얻으려면 고위 관료가
되는 길밖에 없었다. 원매가 살았던 18세기 청나라 중기에도 이

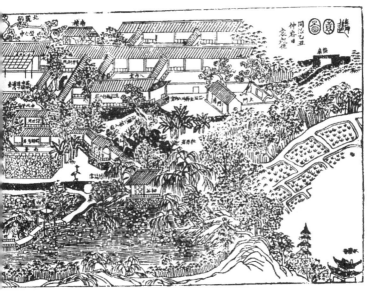

「수원도」(隨園圖)

런 사정은 기본적으로 달라지지 않았다. 다만 오경재(吳敬梓: 1701~1754년)가 장편소설 『유림외사』(儒林外史)에서 과거에 급제하려고 기를 쓰는 지식인을 신랄하게 풍자하거나 조설근이 『홍루몽』에서 출세주의에 물든 남자 사회를 혐오하는 귀공자 가보옥(賈寶玉)을 주인공으로 설정하는 등, 관료 사회 체제에 근본적으로 이의를 제기하는 움직임이 이 시대에 잇따라 나타 난 것은 주목할 만하다. 요컨대 관료제도는 타성적으로 존속하 고 있었지만, 관료가 되지 않아도 충분히 살아갈 수 있겠다는 예감이 지식인 계층에 차츰 침투하기 시작했고, 이에 따라 사회 전반의 관료 지상주의적 풍조에도 균열이 나타나기 시작한 것이 다. 원매의 화려한 문인 생활은 이런 시대의 에토스 속에서

펼쳐졌다.

원매는 글을 팔아서 얻은 막대한 수입을 '수원'에 아낌없이 쏟아부었다. 호화롭기 이를 데 없는 '수원'과 그곳에 사는 문인 원매의 명성에 이끌려, 강남에 온 명사들은 모두 '수원'을 방문했다. 그때마다 원매는 술을 마시며 시를 짓는 성대한 잔치를 베풀어 그들을 대접했다고 한다.

중국적인 조경술과 건축술의 정수인 '수원'에는 값비싼 서적과 골동품이 잔뜩 놓여 있었던 것은 물론이려니와, 창문에는 외국에서 들여온 오색 유리가 박히고 역시 외국에서 들여온 커다란 거울이 설치되는 등, 당시의 첨단을 걷는 서양 취미도 충분히 도입되어 있었다. 『홍루몽』의 무대가 된 호화 정원 '대관원'(大觀園)의 모델은 바로 '수원'이라고 원매 자신은 공언하고 있다. 원래 '수원'은 『홍루몽』의 저자 조설근의 조상이 소유하고 있던 별장이고, 조설근도 어릴 때는 자주 이곳을 찾아온 모양이다. 따라서 정원 구조 전체에 유사점이 있어도 이상하지는 않지만, 자세한 장치나 거울 같은 가재도구는 오히려 원매가 『홍루몽』을 읽고 흉내냈다고 보는 편이 진실에 가까울 것이다.

그거야 어쨌든 '수원'은 산 사람의 미적 공간일 뿐만 아니라 죽은 사람이 편안히 쉴 수 있는 공간의 성격도 아울러 갖추고 있었다. 원매는 '수원'의 서쪽 구석에 묘지를 만들어 우선 부모를 매장하고, 자신의 무덤도 만들어놓았다. 뿐만 아니라 '수원'에서 일해준 정원사나 목수도 가족이 없는 경우에는 여기에 매장했기 때문에 어느새 수십 기의 무덤이 늘어서게 되었다. '수

원'의 건물을 대부분 손댄 목수 무룡대(武龍臺)도 그렇게 매장
된 사람이었다. 원매는 그를 매장할 때의 상황을 이렇게 노래
한다.


**목수를 묻으며**


사람이 살아가는 길에는 모두 인과응보가 있어
어떤 일도 우연이라고는 말할 수 없네.
그대는 나를 위해 건물을 짓고
나는 그대를 위해 관을 만드네.
그대를 수원 한귀퉁이에 묻고
비로소 내 마음은 편안해졌네.
원래 그대가 지은 저택이니까
지금까지와 마찬가지로 왕래할 수 있게 해주겠네.
상쾌한 바람에 그대의 영혼이 펄럭이고
야생 보리가 그대에게 바치는 공물이 되리.
그대에게 자손이 있어
먼 교외 묘지로 보내지는 것보다는 훨씬 나을 걸세.
영원히 신령이 되어 이 땅을 지켜주고
원귀가 되어 나타나지는 말아주게.


마음이 맞았던 목수에 대한 상냥한 마음이 익살스럽게 토로
된 기분좋은 시다. 시인으로서 원매는 선인을 모방하지 않고 제

감정을 그대로 자연스럽게 드러내는 것을 중시하는 '성령설'(性靈說)을 제창하여, 「목수를 묻으며」에서 엿볼 수 있듯이 그의 작풍은 지극히 평이했다. 이 때문에 원매의 시는 인기가 높아서 시집이 날개돋친 듯이 팔렸다고 한다.

문인 원매는 때로는 자발적으로 때로는 주문에 응해, 작품을 모두 쌓아놓으면 키를 넘을 만큼 엄청난 양의 시를 지어냈다. 『소창산방집』(小倉山房集)에 실린 약 4,500편의 시와 450여 편의 산문을 비롯하여 시론이나 시인론을 모은 『수원시화』, 요리 메모인 『수원식단』(隨園食單), 괴기소설집인 『자불어』(子不語) 등, 장르를 초월한 그 정력적인 창작은 정말 볼 만하다고 말할 수밖에 없다.

답답한 관료 사회에서 과감하게 발을 빼고 은둔하여 직업 문인으로 열심히 글을 팔아서 스스로 조달한 자금으로 무덤까지 완비한 정원 세계를 구축한 원매. 그 '수원'에 외래품을 거리낌 없이 받아들인 것으로도 알 수 있듯이, 그는 생활 방식에서부터 작품 제작 방법에 이르기까지 중국적 전통 사회의 기존 테두리에 얽매이지 않고 자유자재 거침이 없었다.

그런 그의 심성을 단적으로 나타내고 있는 것은 여성에 대한 태도다. 앞에서도 말했듯이 원매의 주위에는 훌륭한 여성이 많았고, 그가 깊이 사랑하고 존경한 어머니도 총명한 여인이었다. 임종할 때 어머니는 원매에게 "나는 이만 가련다"고 말했다. 원매가 슬픔을 참지 못하고 통곡하자 어머니는 "세상에 죽지 않는 사람은 아무도 없는데 왜 우느냐"고 말하면서 소매를 들어 아들의 눈물을 닦아주었다. 이때 어머니의 나이는 아흔넷, 원매는 예순세 살이었다.

또한 원매에게는 누이가 많았는데, 세 누이동생은 문집을 남길 만큼 뛰어난 글재주를 타고났다. 하지만 원매가 가장 사랑한 셋째누이 원기(袁機)는 풍부한 재능을 타고났는데도 불행한 결혼 생활이 화가 되어 요절했다. 이때 원매는 재능있는 여자는 불행해진다고 깊이 한탄했다. 원매가 서른 명이 넘는 여자 제자를 두고 그들의 시적 재능을 꽃피우려고 애쓴 것은 불행했던 누이 원기를 애통해하는 마음 때문이었는지도 모른다. 어쨌든 원매는 혈연관계에 있는 재능있는 여성에 대한 존경과 사랑에서 출발하여 널리 여성 전체의 지성을 거리낌없이 인정하는 지평에 도달했다. 참으로 훌륭한 일이다.

반면에 원매는 공공연히 호색을 긍정하고, 주로 화류계 여자를 계속 첩으로 맞아들였다. 여성의 지성을 인정하는 것과 여성을 성적 대상으로만 보는 것이 이 18세기 중국의 문인 원매의 마음속에 복잡하게 뒤섞여 있었다고 말할 수밖에 없다. 한편 만년에 만난 미소년 유지붕(劉志鵬)을 데리고 장기 여행을 시도하는 등 미소년 취미도 끝까지 쇠퇴할 기미를 보이지 않았으니, 매사에 지칠 줄 모르는 억센 사나이였다.

깊이 병든 데카당스와 감추어진 가능성에 대한 과감한 도전. 평생 동안 이 양극단을 오간 원매는 중국의 수많은 은자들 중에서도 유난히 스케일이 크고 일종의 요기(妖氣)를 발산하는 괴물 은자라고 말할 수 있을 것이다.

# 이 책에 나오는 중국의 은자들

요(堯) 임금

백이(伯夷)

노자(老子)

장자(莊子)

동방삭(東方朔)

왕도(王導)

왕희지(王羲之)

갈홍(葛洪)

도연명(陶淵明)

죽림 칠현(竹林七賢). 왼쪽부터 혜강(嵇康), 완적(阮籍), 산도(山濤), 왕융(王戎)

왼쪽부터 완함(阮咸), 유영(劉伶), 향수(向秀)

| | | |
|---|---|---|
| 이백(李白) | 임포(林逋) | 미불(米芾) |
| 백인보(白仁甫) | 축윤명(祝允明) | 당인(唐寅) |

문징명(文徵明)

서정경(徐禎卿)

서위(徐渭)

서하객(徐霞客)

장대(張岱)

기표가(祁彪佳)

팔대산인(八大山人)

원매(袁枚)

# 찾아보기

222

## 지은이 이나미 리츠코(井波律子)

1944년 일본 도야마 현에서 태어나 1966년 교토대학
문학부(중국문학 전공)를 졸업하고 1972년 교토대학원
박사과정을 수료하였다. 현재 국제일본문화연구센터 교수로 있다.
저서에 『주지육림』 『중국의 아웃사이더』 『중국 문장가 열전』
『중국 환상소설』 『배신자의 중국사』 『파괴의 여신들』 등이 있다.


## 옮긴이 김석희(金碩禧)

서울대 문리대 불문학과를 졸업하고 대학원 국문학과를
중퇴했다. 1988년 한국일보 신춘문예에 소설이 당선되었으며
창작집 『이상의 날개』와 장편소설 『섬에는 옹달샘』,
역자후기 모음집 『북마니아를 위한 에필로그 60』 등을 발표했다.
번역한 책으로는 한길사에서 펴낸 『르네상스 미술기행』,
홋타 요시에의 『고야』와 『위대한 교양인 몽테뉴』,
시오노 나나미의 『로마인 이야기』(제1회 한국번역대상 수상)
『르네상스의 여인들』 『르네상스를 만든 사람들』 등이 있고,
한길아트에서 펴낸 Art & Ideas 시리즈의 『인상주의』와
『고야』가 있다. 그밖에 『배신자의 중국사』 『칸의 제국』
『시간 박물관』 『털없는 원숭이』 『프랑스 중위의 여자』 등이 있다.